INGO SCHULTZ
VERLORENE WERKE VIKTOR ULLMANNS

INGO SCHULTZ

VERLORENE WERKE VIKTOR ULLMANNS IM SPIEGEL ZEITGENÖSSISCHER PRESSEBERICHTE

BIBLIOGRAPHISCHE STUDIEN ZUM PRAGER MUSIKLEBEN IN DEN ZWANZIGER JAHREN

von Bockel Verlag
Hamburg 1994

Verdrängte Musik. NS-verfolgte Komponisten und ihre Werke.
Schriftenreihe, herausgegeben im Auftrag von *musica reanimata*
- Förderverein zur Wiederentdeckung NS-verfolgter Komponisten und ihrer Werke e.V. -
von Hans-Günter Klein
Band 4

Die Deutsche Bibliothek - CIP-Einheitsaufnahme

Schultz, Ingo:
Verlorene Werke Viktor Ullmanns im Spiegel zeigenössischer
Presseberichte : bibliographische Studien zum Prager
Musikleben in den zwanziger Jahren / Ingo Schultz -
Hamburg : von Bockel, 1994
(Verdrängte Musik ; Bd. 4)
ISBN 3-928770-10-1
NE: GT

Copyright von Bockel Verlag
Simrockstr. 62 B - 22589 Hamburg
Druck und Bindung: J. Mainz, Aachen
Alle Rechte vorbehalten. Auch die fotomechanische Vervielfältigung der Schrift
bedarf der vorherigen Zustimmung des Verlages.
Printed in Germany
ISBN 3-928770-10-1
ISSN der Schriftenreihe 0942-1246

Inhalt

Biographischer Überblick	7
Ausgangspunkt und Zielsetzung	9
Synopsis: Werkchronik - Aufführungschronik	12
Die ersten Jahre in Prag (1919-1922)	15
Sieben Lieder (1923/24)	20
Bühnenmusik zu Klabunds "Der Kreidekreis" (1925)	28
"Symphonische Phantasie" (1925)	32
Oktett, op. 3 (1926)	41
Die "Schönberg-Variationen" (1926-1931)	46
Erstes Streichquartett, op. 2 (1927)	58
Konzert für Orchester, op. 4 (1929/30)	61
"Peer Gynt" und "Sieben Serenaden"	69
Anhang	73
1. Texte der Rezensionen	75
Sieben Lieder mit Klavier	75
Sieben Lieder mit Kammerorchester	77
Bühnenmusik zu "Der Kreidekreis"	78
"Symphonische Phantasie"	78
Oktett	81
"Schönberg-Variationen" (1. Fassung)	82
"Schönberg-Variationen" (2. Fassung)	84
Erstes Streichquartett	88
Konzert für Orchester	90
Sieben Serenaden	93
2. Bibliographisches Verzeichnis der Quellen	94
3. Verzeichnis der verlorenen Kompositionen Chronologisch-bibliographischer Überblick	95
4. Zeitgenössische Komponisten und ihre Werke in den Prager Ullmann Konzerten	98
Personenregister	101

Biographischer Überblick

Am 1. Januar 1898 wurde Viktor Ullmann in Teschen geboren. Sein Vater, Maximilian Ullmann, stammte aus einer Iglauer Fabrikantenfamilie, war als Berufssoldat zum k.k. Oberst aufgestiegen und noch Ende 1918 nobilitiert worden. Die Mutter Malwine, geb. Billitzer, war Tochter eines wohlhabenden Wiener Juristen. Ullmann verbrachte die ersten Lebensjahre in der österreichisch-schlesischen Garnisonsstadt Teschen. Bis 1909 besuchte er hier die Schule; danach lebte er mit seiner Mutter in Wien, wo er 1916 das (Kriegs-) Abitur ablegte. Nach zweijähriger Militärzeit schrieb er sich zum Sommersemester 1918 als Jurastudent an der Wiener Universität ein. Ende 1918 trat er in Arnold Schönbergs Kompositionsseminar ein. Vorbereitenden musiktheoretischen Unterricht hatte er bereits von 1914 bis 1916 bei Dr. Josef Polnauer genossen. Seit Kriegsende hatte Eduard Steuermann seine pianistische Ausbildung übernommen. Am 6. Dezember 1918 wurde er auf Schönbergs Vorschlag in den Gründungsvorstand des "Vereins für musikalische Privataufführungen" aufgenommen.

Nach seiner Heirat mit Martha Koref im Mai 1919 übersiedelte Ullmann nach Prag, wo er ein Jahr später Chordirektor und Korrepetitor, später auch Kapellmeister am Neuen deutschen Theater unter Alexander von Zemlinsky wurde. Neben seiner Tätigkeit als Opernkapellmeister schrieb er bereits in den zwanziger Jahren eine beachtliche Reihe von Kompositionen. Erste Erfolge errang er mit den Aufführungen der "Sieben Lieder mit Klavier" (1923 und 1924), der Bühnenmusik zu Klabunds "Kreidekreis" (1925), der "Symphonischen Phantasie" (1925), des Oktetts (1926), der bereits 1925 entstandenen ersten Fassung der "Schönberg-Variationen" (1926) und des ersten Streichquartetts (1927). Mit Ausnahme einer späteren Fassung der "Schönberg-Variationen" gelten alle Werke dieser Zeit als verloren.

Im Herbst 1927 übernahm er für eine Spielzeit die Leitung der Oper in Aussig. Einen Beleg für seine hier glänzend bestandene Bewährungsprobe als Dirigent liefert der Bericht des Aussiger Tagblatts über die "Tristan"-Aufführung vom Mai 1928. Unmittelbar nach dieser erfolgreichen Saison kehrte er nach Prag zurück, wo er in der Folgezeit ohne festes Engagement lebte. Mit großem Interesse wurden die Aufführungen seines "Konzerts für Orchester" in Prag (1929) und Frankfurt/M. (1930) aufgenommen. Auf dem Genfer Musikfest der IGNM (1929) fand die zweite Fassung der "Schönberg-Variationen" in der Interpretation des Prager Pianisten Franz Langer internationale Beachtung.

1929 bis 1931 war Ullmann als Kapellmeister und Komponist (Bühnenmusik) am Schauspielhaus in Zürich engagiert.

Unter dem Eindruck der Anthroposophie Rudolf Steiners gab er für die nächsten zwei Jahre jegliche musikalische Betätigung auf und betrieb gemeinsam mit seiner zweiten Frau Anna, geb. Winternitz, die er 1931 in Prag geheiratet hatte, einen anthroposophischen Buchladen in Stuttgart.

Nach der nationalsozialistischen Machtergreifung floh er mit seiner Frau und dem einjährigen Sohn Max aus Deutschland und lebte seit Mitte 1933 als freischaffender Musiker wieder in Prag.

Neben seiner Tätigkeit als Musikpädagoge und -journalist, Volkshochschul- und Rundfunkmitarbeiter engagierte er sich auch in Leo Kestenbergs "Internationaler Gesellschaft für Musikerziehung" und in den deutschen und tschechischen Musikervereinigungen der Stadt. Zwischen 1935 und 1937 besuchte er Alois Hábas Kurse für Vierteltonkomposition.

Mit der instrumentierten Fassung der "Schönberg-Variationen", für die er 1934 den Hertzka-Preis erhalten hatte, knüpfte er an seinen Genfer Erfolg von 1929 an. Seine Oper "Der Sturz des Antichrist" wurde zwei Jahre später ebenfalls mit dem Hertzka-Preis ausgezeichnet. Verhandlungen über die Aufführung des Werkes in Wien (1935) und Prag (1937) blieben jedoch erfolglos.

Zu den in der zweiten Hälfte der dreißiger Jahre in Prag häufiger gespielten Werken zählen die erste Klaviersonate, der Liederzyklus op. 17 ("Steffen-Lieder") und das zweite Streichquartett, das 1938 vom Prager Streichquartett auf dem Londoner Musikfest der IGNM aufgeführt wurde.

Seit der Errichtung des "Protektorats Böhmen und Mähren" waren ihm alle Möglichkeiten zur Aufführung bisher komponierter und neu entstandener Werke ("Slawische Rhapsodie", Klavierkonzert, Oper "Der zerbrochene Krug") verschlossen. Einen Satz seiner bis dahin im Selbstverlag erschienenen Kompositionen hatte er im Sommer 1942 einem Freund zur Aufbewahrung übergeben können.

Am 8. September 1942 wurde Ullmann in das KZ Theresienstadt deportiert. Hier gehörte er schon bald zum Kreis der führenden Persönlichkeiten in der musikalischen Sektion der sog. "Freizeitgestaltung". Als Leiter des "Studios für neue Musik", als Rezensent (26 Kritiken) sowie als Interpret und Komponist ("Der Kaiser von Atlantis") hat er das Theresienstädter Musikleben maßgeblich mitgestaltet. In den Sängern Walter Windholz und Hedda Grab-Kernmayr, der Pianistin Edith Steiner-Kraus und dem Dirigenten Rafael Schächter fanden sich in Theresienstadt berufene Interpreten seiner Werke, von denen die "Villon-Musik", die "C.F. Meyer-Lieder" und die sechste Klaviersonate mehrfach mit nachhaltigem Erfolg aufgeführt wurden. Seine Theresienstädter Manuskripte wurden von Prof. Emil Utitz vor der Vernichtung bewahrt und nach dem Krieg an Dr. H.G. Adler übergeben.

In einem der "Liquidationstransporte" wurde Ullmann gemeinsam mit seiner dritten Frau Elisabeth, mit der er seit 1941 verheiratet war, am 16. Oktober 1944 nach Auschwitz gebracht, wo er zwei Tage später in der Gaskammer starb.

Ausgangspunkt und Zielsetzung

Am 8. September 1942 wurden Viktor Ullmann und seine dritte Frau Elisabeth, gemeinsam mit Elisabeths Tochter aus erster Ehe und mit Ullmanns erster Ehefrau Martha, aus Prag ins Konzentrationslager Theresienstadt deportiert. Etwa eine Woche vorher waren die Ullmanns von ihrer "Einberufung" in den nächsten Transport benachrichtigt worden. Wenige Tage verblieben zur Ordnung des Haushalts, zur Durchsicht der Papiere und zur Auswahl der wenigen lebensnotwendigen Dinge, die im persönlichen Gepäck mitgenommen werden, das Gesamtgewicht von 50 kg je Person aber nicht überschreiten durften. In der knappen Zeit mußten außerdem Behördengänge erledigt sowie schikanöse Fragebögen und Inventarverzeichnisse ausgefüllt werden, bis drei Tage vor der "Abfahrt" die Wohnungstür hinter der mit Koffern und Rucksäcken schwer beladenen Familie ins Schloß fiel. Der Weg von der Kopernikusstraße zum "Messepalast" in der Nähe des Bahnhofs Holešovice, etwa zweieinhalb Kilometer, mußte zu Fuß zurückgelegt werden, denn die Benutzung öffentlicher Verkehrsmittel war den Juden im "Protektorat Böhmen und Mähren" seit Ende 1941 nur noch mit besonderer Genehmigung erlaubt.
In der Sammelstelle wurden die Wohnungsschlüssel abgegeben; dann begann das tagelange Warten auf die Abfertigung und die Abfahrt.
Das in der Wohnung zurückgelassene Hab und Gut wurde bald darauf "liquidiert".
"Mit den Liquidationsarbeiten, d.h. vor allem mit der Vorbereitung für die Auswertung der geräumten Wohnungen und aller in ihnen vorgefundenen Güter wurde gleich bei Beginn der Deportationen im Oktober 1941 die Prager JKG [Jüdische Kultusgemeinde] betraut, die für diesen Zweck eine eigene Abteilung einrichtete. Sie hieß nach ihrem Chef Salo Krämer [...] die 'Krämer-Aktion'. [...] Nach der Deportation erhielt die 'Krämer-Gruppe' die von den Verschickten in die Sammelstelle gebrachten Wohnungs- oder Zimmerschlüssel. Die Wohnungen wurden von den Mitarbeitern aufgesucht, wo die Gegenstände inventarisiert und zum Teil mit den Transportnummern der Deportierten bezeichnet wurden. Die Qualität aller Sachen, besonders der Möbel, mußte klassifiziert werden. [...] Als Magazine dienten Räumlichkeiten aufgelöster jüdischer Institutionen, namentlich die entweihten Synagogen, Zeremonienhallen von Friedhöfen, Turnsäle, Vereinslokale usw."[1]
In einem der Schränke oder Regale von Ullmanns Wohnung in der Kopernikusstraße lag ein großer Stapel Notenpapier - Manuskripte von

---

1 H.G. Adler, Die verheimlichte Wahrheit. Theresienstädter Dokumente. Tübingen 1958. S. 80.

Kompositionen, das greifbare Ergebnis der über zwanzigjährigen schöpferischen Tätigkeit ihres Autors. Bis heute weiß niemand, was damals mit diesen unersetzlichen Notenhandschriften geschah. Vermutlich wurden sie im Verlauf der "Liquidation" als "wertloses" Altpapier vernichtet oder sie gingen später bei der Auflösung der Magazine verloren. Allerdings hatte Ullmann noch vor der Deportation den größten Teil seiner Werke aus den dreißiger Jahren, nämlich die seit 1936 im Selbstverlag publizierten Drucke, einem Freund zur Verwahrung übergeben. Sie bilden, zusammen mit dem Theresienstädter Nachlaß, den erhaltenen Bestand des Ullmannschen Œuvres.[2]

Doch auch die verlorenen Werke haben Spuren hinterlassen, die nicht ohne weiteres verwischt oder gar vernichtet werden konnten. Die primären Quellen müssen zwar als verloren gelten; erhalten blieb jedoch eine große Anzahl von bibliographischen Zeugnissen mit wertvollen Berichten über die Entstehung der Werke und deren chronologische Folge, über die Uraufführungen und die Wirkung auf das Publikum, schließlich über Stil, Charakter und Faktur von Ullmanns Musik. Wichtige Aufschlüsse liefern die von Ullmann selbst verfaßten oder nach seinen Angaben zusammengestellten Werkverzeichnisse[3], die trotz unterschiedlicher Ordnungsprinzipien in sich widerspruchsfrei sind.
Ein genaueres Bild des frühen Schaffens entstand mittels einer Methode, die erfolgreich von Ullmanns erster Biographin Jitka Ludvová angewendet wurde. Ausgehend von Ullmanns präzisen Aufzeichnungen der Aufführungsorte und -jahre konnte sie, nach sorgfältigem Studium deutschsprachiger Prager Periodika ("Auftakt", "Prager Presse", "Prager Tagblatt"), fast alle verlorenen Kompositionen mit korrekter Titelfassung, Aufführungsterminen und zugeordneten Aufführungsberichten nachweisen[4]. Dieses Werkverzeichnis ist wegen seiner wissenschaftlichen Qualität zur Grundlage und zum Ausgangspunkt der neueren Ullmann-Forschung geworden.

Auch die hier vorgelegte Studie ist der Arbeit Ludvovás in mancher Hinsicht verpflichtet und geht von der grundsätzlichen Respektierung ihrer Ergebnisse aus. Weiterungen haben sich freilich bei der wiederholten Sichtung des bibliographischen Materials als notwendig erwiesen. So wurden beispielsweise in die syste-

---

2   Vgl. Viktor Ullmann - Materialien, hrsg. von Hans-Günter Klein. Hamburg 1992. (Verdrängte Musik. Bd. 2.)
3   Werkverzeichnisse liegen vor in: Riemann Musik-Lexikon. Berlin 11/1929 (mit abweichender, hier nicht berücksichtigter Opus-Zählung). - Deutsches Musiker-Lexikon, hrsg. von Erich H. Müller. Dresden 1929. - Vladimir Helfert/Erich Steinhard, Die Musik in der tschechoslowakischen Republik. Prag 2/1938. - Brief Ullmanns an Dr. Karel Reiner vom 25. 8. 1938. Prag, Privatbesitz.
4   Jitka Ludvová, Viktor Ullmann. In: Hudební věda 16.1979, S. 99 ff.

matische Auswertung (neben der bei Ludvová selten berücksichtigten "Bohemia") auch in Deutschland erschienene Periodika einbezogen. Deren Berichte über das Prager Musikleben lieferten nicht nur interessante Ergänzungen zu den schon bekannten Rezensionen, sondern u.a. auch den Nachweis, daß der Name Ullmanns bereits in den zwanziger Jahren weit über seinen engeren Wirkungskreis hinaus bekannt geworden war.

Des weiteren ergab sich fast von selbst eine Modifizierung des bei Ludvová vorgegebenen monographischen Ansatzes. Aus dem erheblich umfangreicher gewordenen Materialfundus standen nun zahlreiche bis dahin unbekannte Informationen über Persönlichkeiten, Institutionen und Entwicklungen zur Verfügung. Die Erweiterung des kommentierten Werkverzeichnisses zu einer differenzierten Aufführungsgeschichte bzw. der Ausbau der biographischen Skizze zu einer lokalgeschichtlichen Studie, die einen Einblick in die vielfältigen Verflechtungen einer Musikerpersönlichkeit mit ihrem künstlerischen Umfeld ermöglicht, waren damit vorgezeichnet.

Die Feuilletons der Prager Zeitungen, deren hoher fachjournalistischer Standard von profilierten Referenten wie Felix Adler, Ernst Rychnowsky, Leo Schleissner, Erich Steinhard, Oskar Baum, Hans Heinz Stuckenschmidt und Max Brod garantiert wurde, haben eine Reihe von Charakteristika der Werke Ullmanns aus den zwanziger Jahren überliefert. Sie lassen sich um die folgenden, in den Kritiken immer wieder aufgegriffenen Fragestellungen gruppieren:
- Welche Richtung nahm Ullmanns Auseinandersetzung mit Stil und Kompositionstechnik seines Lehrers Arnold Schönberg (linear-polyphoner Satz, Expressivität)?
- Wie entwickelten sich seine Instrumentationskunst und seine Formbeherrschung (Variationsform)?
- Welche Einsichten ergeben sich im Bereich der Harmonik (Tonalität - Atonalität)?
- Welche Bedeutung hatten musikantische Züge in seinen Werken (Ullmann, der "Temperamentmusiker")?

Wenngleich kein einziger musikalischer Satz, kein Thema, kein Motiv durch diese Studien in die klingende Wirklichkeit zurückgeholt werden kann, so vermögen die hier geschilderten Zusammenhänge doch eine deutlichere Vorstellung vom Werden und Wachsen dieses Künstlers, von seinem Ringen um einen individuellen Stil sowie vom zielstrebigen Aufbau seines kompositorischen Lebenswerks zu vermitteln.

Die sporadisch eingestreuten Ansichten der Physiognomie einer europäischen Musikmetropole mögen als Handreichungen zum Verständnis eines zu unrecht vergessenen Kapitels der Musikgeschichte in unserem Jahrhundert verstanden werden.

Synopsis: Werkchronik - Aufführungschronik

Werkchronik

Aufführungschronik

(Die für 1923-1927 genannten
Aufführungen fanden in Prag statt.)

1919 Drei Männerchöre a cappella

1920 Violinsonate, op. 1

1921 Lieder mit Orchester

1922 Abendlied (Claudius)

1923 Sieben Lieder mit Klavier
Erstes Streichquartett, op. 2

10. 3. - Sieben Lieder mit Klavier

1924 Sieben Lieder mit Orchester
Symphonische Phantasie
Oktett, op. 3
"Der Kreidekreis"

16. 4. - Sieben Lieder mit Orchester
31. 5. - Sieben Lieder mit Klavier

1925 Schönberg-Variationen (I)
Konzert für Klarinette und
Orchester

3. 1. - "Der Kreidekreis"
24. 3. - Symphonische Phantasie

1926 Trio für Holzbläser

28. 4. - Oktett
11. 5. - Schönberg-Variationen (I)

1927

29. 5. - Erstes Streichquartett

1928 Konzert für Orchester, op. 4

1929 Schönberg-Variationen (II)
Oper "Peer Gynt"
Sieben Serenaden, op. 6

7. 3. - Konzert für Orchester
(Prag)
8. 3. - Schönberg-Variationen (II)
(Prag)
6. 4. - Schönberg-Variationen (II)
(Genf)

1930	8. 1. - Schönberg-Variationen (II) (Frankfurt/M.)
	27. 1. - Schönberg-Variationen (II) (Berlin)
	24./
	26. 1. - Konzert für Orchester (Frankfurt/M.- 2 Aufführungen)
	? - Sieben Serenaden (Prag)
1931	22. 6. - Sieben Serenaden (Frankfurt/M.)
	Oktober
	- Schönberg-Variationen (II) (Prag)

Die ersten Jahre in Prag (1919-1922)

Im Frühsommer 1919 verließ Viktor Ullmann seine Heimatstadt Wien, um fortan in Prag zu leben. Der Hintergrund dieser Entscheidung erscheint nicht unmittelbar einsichtig, hatte er doch seit 1909 die wichtigsten Jahre seiner Gymnasialzeit bis zum Abitur in Wien verlebt, erste und für seine musikalische Entwicklung bedeutsame Impulse durch den Schönberg-Schüler Dr. Josef Polnauer erhalten und sich in einem Freundeskreis bewegt, zu dem neben vielen anderen auch die angehenden Musiker Josef Travnicek und Hanns Eisler gehörten. Anstöße für die grundsätzliche Veränderung seiner Lebensverhältnisse werden daher wohl kaum aus dem musikalischen Umfeld gekommen sein. Vielmehr scheint ein ganzes Bündel persönlicher Gründe den Ausschlag für Ullmanns Lösung von Wien gegeben zu haben.

Eine nicht unbedeutende Rolle hat ohne Zweifel die Beziehung zu seinem Vater gespielt. Maximilian Ullmann war, nach einer glänzenden Offizierskarriere in der k.k. Armee, zum Oberst befördert und kurz vor Kriegsende nobilitiert worden (Edler von Tannfels). Voller Stolz sah er den achtzehnjährigen Sohn, nach vorzeitig erlangtem "Kriegsabitur", als Freiwilligen an die Front ziehen. Tapferkeitsmedaille und Leutnantspatent sollten die rechte Grundlage für den nach dem Krieg anzustrebenden zivilen Beruf bilden. Ein Jura-Studium, so dachte Oberst Ullmann, würde Viktor den Berufsweg ebnen und ihm nach bestandenen Examina den Zugang zur gehobenen bürgerlichen Gesellschaft öffnen. Bereits im letzten Kriegsjahr schrieb sich Viktor - ganz dem Willen und den Wünschen des Vaters folgend - als "ordentlicher Hörer an der hohen Juridischen Fakultät"[5] der Wiener Universität ein. Sieben Lehrveranstaltungen mit insgesamt 27 Wochenstunden hatte er im Sommersemester 1918 belegt. Dem dafür bewilligten Fronturlaub folgte im September 1918 die Abkommandierung zu seinem letzten Einsatz in diesem Krieg.

Auch im Wintersemester 1918/19 gehörte Ullmann zu den Inskribierten. Inzwischen bahnte sich jedoch infolge des verlorenen Krieges, des Zusammenbruchs der Donaumonarchie und der Proklamation der Republik eine tiefgreifende politische und gesellschaftliche Neuordnung an, die auch im Privatleben vieler Bürger zu dramatischen Veränderungen führte.

Oberst Ullmann kehrte als Invalide aus dem Krieg zurück. Seines eben erworbenen Adelstitels konnte er sich nicht lange erfreuen, denn die junge Republik hatte den Adel abgeschafft und die Führung der Adelstitel verboten (3. April 1919). Anfang 1919 war der 57-jährige zudem in den Ruhestand versetzt worden. Die Neuorientierung im zivilen Leben hat ihm offensichtlich erhebliche

---

5   Archiv der Universität Wien. Briefliche Auskunft vom 30. 7. 1991.

Schwierigkeiten bereitet, die im häuslichen Bereich manche Unstimmigkeiten nach sich zogen. Frau und Sohn waren ihm durch die lange, kriegsbedingte Trennung entfremdet, und beide waren wohl auch nicht mehr bereit, sich seinem bislang selbstverständlich akzeptierten Autoritätsanspruch zu beugen. Ehe und Familie zerbrachen. Maximilian und Malwine Ullmann wurden am 19. März 1920 geschieden.

Doch auch Viktor begann, eigene Wege zu gehen. Noch war seine Entscheidung nicht endgültig gefallen. Neben den nur noch 20 wöchentlichen Vorlesungs- und Seminarstunden des zweiten Jura-Semesters nahm jedoch das breitgefächerte musikalische Studienangebot des "Schönberg-Seminars" sein Interesse mehr und mehr in Anspruch. In Arnold Schönbergs nach den Kriegswirren neu eingerichtetem "Seminar für Komposition" studierte Ullmann Kontrapunkt, Harmonie- und Formenlehre, Instrumentation und Analyse; zusätzlich berief der Meister ihn (als "Ordner") in den Aktivistenkreis des ebenfalls 1918 gegründeten "Vereins für musikalische Privataufführungen". Klavierstunden bei Eduard Steuermann, dem führenden Interpreten der neuen Wiener Schule, rundeten dies reiche Erfahrungsfeld zur Praxis hin ab.

Spätestens zu Beginn des Jahres 1919 muß Ullmann Klarheit darüber gewonnen haben, daß die Musik seinen weiteren Lebensweg bestimmen würde. Die damit verbundene Distanzierung vom bislang gehorsam verfolgten Berufsziel initiierte und schürte den Konflikt mit dem Vater, woraus sich wiederum Belastungen für die ohnehin gespannte familiäre Situation ergaben. Die ständigen häuslichen Querelen, der Wunsch nach ungestörter Entfaltung des musikalischen Talents und die überraschend vorgetragenen Heiratspläne Viktors bildeten den Hintergrund für den sich anbahnenden Bruch mit dem Vater.

In den erhaltenen Dokumenten der Eheschließung finden sich darüber hinaus Anhaltspunkte dafür, daß diese Handlung nicht nur als Schlußstrich unter sein bisheriges Leben, sondern ebenfalls als Abrechnung mit der Vergangenheit und als vollbewußter Aufbruch in einen neuen Lebensabschnitt verstanden werden muß.

Viktor Ullmann hatte seine zukünftige Lebensgefährtin Martha Koref im "Schönberg-Seminar" kennengelernt. Der Termin für die Heirat wurde, wahrscheinlich infolge der unerträglich gewordenen familiären Spannungen, überstürzt auf den 24. Mai 1919 festgesetzt. Unter welchem Druck das junge Paar gestanden hat, klingt in dem amtlichen Vermerk an, die Aufgebotsfrist sei antragsgemäß auf drei Tage verkürzt worden. Ullmann schloß mit Martha Koref eine Zivilehe, d.h. sie ließen sich lediglich standesamtlich trauen. Die Voraussetzung für die Beschränkung auf den rechtlichen Teil des Zeremoniells und damit für die Beschleunigung des Verfahrens hatten sie geschaffen, indem sie ihre kirchlich-konfessionellen Bindungen gelöst hatten: der Standesbeamte notierte für beide "konfessionslos". Bei der Berufsangabe des Vaters ging

Ullmann noch einen Schritt weiter. Obwohl ihm der militärische Rang und dessen Bedeutung bekannt waren, ließ er die übermächtige Vaterfigur des Obersten Ullmann zum "Hauptmann in der k.k. Armee" schrumpfen. Schließlich wirkt auch die eigene Berufsangabe wie ein bekenntnishafter Befreiungsschlag: ohne Scheu verwarf er hochtrabende, aber die tatsächlichen Gegebenheiten eher verschleiernde Floskeln wie "Leutnant der Reserve" oder "Student der Rechte" zugunsten der weniger statusträchtigen als ehrlichen Eintragung "Musiker"[6].
Bezeichnend erscheint in diesem Zusammenhang auch der Abbruch der beiden Studiengänge. Ullmann wartete weder das Ende des Universitätssemesters noch den Abschluß des "Schönberg-Seminars" ab und traf wenige Tage nach der Hochzeit, noch im Mai 1919, mit seiner Frau in Prag ein.

Die Zeit bis zu seinem beruflichen Start im folgenden Jahr nutzte er zur weiteren musikalischen Ausbildung. Sein neuer Kompositionslehrer wurde Dr. Heinrich Jalowetz, ebenfalls Schönberg-Schüler, der bereits 1917 aus Wien nach Prag gekommen war und seitdem als Kapellmeister am Neuen deutschen Theater wirkte.
Unbekannt ist, wo Ullmann sich das Rüstzeug für seine spätere Kapellmeistertätigkeit erwarb. Sicher wurden im Unterricht bei Jalowetz auch Fragen der Dirigierpraxis erörtert. Spätere Berichte über Bewegungshabitus und Interpretationsstil Ullmanns lassen jedoch die Vermutung zu, daß nicht Jalowetz, sondern Alexander von Zemlinsky von Anfang an entscheidenden Einfluß auf seine Entwicklung als Orchester- und Operndirigent ausgeübt hat. Ullmann wird sich dabei nicht auf die Rolle des stillen Beobachters seines zukünftigen Mentors in Opernaufführungen und Philharmonischen Konzerten beschränkt haben. Vermutlich war er einer der ersten Nutznießer jener kulturpolitischen Entwicklung in der jungen tschechoslowakischen Republik, in deren Folge Zemlinsky neben seiner Tätigkeit als Opernchef des Deutschen Landestheaters 1920 die Leitung der neugegründeten Prager Deutschen Musikakademie und gleichzeitig die Professur einer Dirigenten-Meisterklasse übernommen hatte. Es ist durchaus denkbar, daß Ullmann zeitweise das Unterrichtsangebot der neuen Institution genutzt hat und so direkte Kontakte zu seinem späteren Chef knüpfen konnte.
Seine Bemühungen um die Vertiefung der bisher erworbenen Kenntnisse und Fertigkeiten schlossen neben dem Kompositions- und Dirigierunterricht selbstverständlich auch weitere Klavierstudien ein; in diesem Fach blieb Eduard Steuermann sein Lehrer.
Die persönliche Bekanntschaft mit Zemlinsky und Jalowetz war gewiß nicht ohne Bedeutung für Ullmanns Engagement ans Neue deutsche Theater. Einer

---

6   Alle zitierten Angaben in: Eheregister des Wiener Magistrats. Ziviltrauungen 1919.

ausdrücklichen Empfehlung Schönbergs, von der im bisherigen Schrifttum - freilich ohne stichhaltige dokumentarische Belege - immer wieder die Rede ist[7], bedurfte es demnach kaum, um die maßgeblichen Herren der Prager deutschen Opernbühne auf den zugewanderten Schüler des Wiener Meisters aufmerksam zu machen.

Es fehlte nur noch eine Gelegenheit, um den jungen, vielseitig begabten Musiker dem Neuen deutschen Theater zu verpflichten. Sie sollte sich nach eineinhalbjähriger Wartezeit einstellen, als Ullmann im Herbst 1920 - wahrscheinlich aufgrund eines personellen Engpasses[8] - die Möglichkeit geboten wurde, seine berufliche Laufbahn als Chordirektor und Korrepetitor unter Zemlinsky zu beginnen.

Noch vor Antritt seines ersten Engagements hatte er mit der Sonate für Violine und Klavier eine Talentprobe als Komponist geliefert. Das Kammerwerk war 1920 entstanden und ist wohl nie öffentlich aufgeführt worden. Außer zwei Erwähnungen[9] ist nichts über das Stück bekannt. Immerhin hielt das Jugendwerk der späteren kritischen Überprüfung durch den Meister stand und wurde als op. 1 in das Werkverzeichnis aufgenommen.

Ullmanns Frau Martha hatte in ihrer Heimatstadt Prag seit der Übersiedlung wieder in ihrem alten Beruf[10] gearbeitet und so die gemeinsame unabhängige Lebensführung und Viktors weitere Studien gesichert. Mit Beginn seiner Tätigkeit an der Oper konnte er nun erstmals selbstverdientes Geld zum Lebensunterhalt beisteuern. Selbst wenn die Bezüge noch recht bescheiden waren, wird eine Entlastung des monatlichen Budgets doch spürbar geworden sein.

Der Berufsalltag forderte Ullmann eine erhebliche Umstellung ab. Neue, ungewohnte Pflichten erwuchsen aus der regelmäßigen Probenarbeit mit dem Opernchor und aus den jederzeit abrufbaren Korrepetitionsstunden mit den Gesangssolisten. Anwesenheit in den abendlichen Vorstellungen war selbstverständlich. Obendrein hatte er als Anfänger genug damit zu tun, sich in die klavieristischen und kapellmeisterlichen Anforderungen eines kompletten Saisonprogramms einzuarbeiten. Wie rasch und erfolgreich er diese Heraus-

---

7   Ausgehend von Ludvová, vgl. Anm. 4.
8   Möglicherweise wurde Ullmann engagiert, nachdem Anton Webern seine gerade erst angetretene Stelle als Kapellmeister am Neuen deutschen Theater überraschend gekündigt hatte. Vgl. Friedrich Wildgans, Anton Webern. Tübingen 1967. S. 81 f. - Hanspeter Krellmann, Anton Webern. Reinbek 1975. S. 40 f.
9   Vladimir Helfert/Erich Steinhard, Die Musik in der tschechoslowakischen Republik. Prag 2/1938. S. 368. - Brief an Karel Reiner, vgl. Anm. 3.
10 Zur Ziviltrauung hatte Martha Ullmann als Beruf "Beamtin" angegeben (vgl. Anm. 6).

forderungen meisterte, läßt sich an drei wichtigen Stationen seiner frühen Berufslaufbahn nachvollziehen: im Sommer 1921 wurde ihm die Einstudierung der Chöre zur Aufführung von Schönbergs "Gurreliedern" (9./10. Juni 1921) übertragen; am 12. Dezember 1921 stand er in einer "Bastien und Bastienne"-Aufführung zum ersten Mal am Dirigentenpult; und zu Beginn der Spielzeit 1922/23, bereits zwei Jahre nach seinem Dienstantritt, wurde er als "Kapellmeister und Chordirektor" geführt.

Für seinen rasanten Aufstieg zahlte er freilich einen hohen Preis: in diesen Jahren kam er kaum zum Komponieren. Seinem Wiener Schulfreund Josef Travnicek, der wie er Kommilitone im "Schönberg-Seminar" gewesen war, hatte er von diesem Problem berichtet[11], und auch dem Meister selbst wird er sein Leid geklagt haben, als er, gemeinsam mit Travnicek, im August 1921 eineinhalb Tage in Schönbergs Traunkirchener Sommerfrische verbrachte[12].

Nach der Violinsonate waren, bis zum Kompositionsdebüt mit den "Sieben Liedern", nur zwei neue Werke entstanden. In seinem Werkverzeichnis von 1928/29 führte er "Lieder mit Orchester" (1921) und "Abendlied (Claudius) für Chor, Soli, Orchester" (1922) an - eine magere Ausbeute für zwei Jahre, die noch dadurch geschmälert wurde, daß er keinen der Titel in spätere Verzeichnisse aufnam.

---

11 Travnicek schrieb über seine eigenen Pläne und über Ullmanns Probleme am 12. Februar 1921 in einem Brief an Arnold Schönberg: "Nächstes Jahr möchte ich dann weiter bei Webern arbeiten und dann auch hoffentlich mehr aufs componieren [!] aus sein können, um, bevor ich endlich irgendwo ins Engagement gehe, doch noch recht viel gemacht zu haben. Ich habe ja bei Ullmann (zu Weihnachten hab ich ihn besucht) gesehn, *wie schwer es dann wird.*" (Hervorhebung I.S.) Library of Congress, Washington, Music division.

12 Vgl. den Brief Schönbergs an Alban Berg vom 9. August 1921, in: The Berg-Schoenberg Correspondence. Selected Letters. Ed. by Juliane Brand, Christopher Hailey and Donald Harris. New York, London 1987. S. 310.

Sieben Lieder (1923/24)

Für alle bisher erwähnten Kompositionen (1920-22) lassen sich öffentliche Aufführungen nicht belegen. Ebenso fehlen Berichte in der Tagespresse bzw. in überregionalen Zeitschriften. Titel und Zeitpunkt der Entstehung finden sich lediglich in den von Ullmann selbst erstellten Werkverzeichnissen.
Dagegen erfreute sich Ullmanns eigentliches Debüt als Komponist, die Uraufführung seiner "Sieben Lieder mit Klavier", eines breiteren publizistischen Echos. Aus der aktuellen Berichterstattung sowie aus späteren Notizen werden die Umstände dieser Aufführung wie auch einige inhaltliche Besonderheiten der Komposition deutlich.
Die Aufführung erfolgte am 10. 3. 1923 in einem Konzert des Deutschen Literarisch-künstlerischen Vereins, das unter dem Titel "Abend neuer Musik" angekündigt wurde. Dem Verein, "der bemüht ist, seine Daseinsberechtigung nachzuweisen"[13], diente dieser Abend offensichtlich der Suche nach einem neuen Veranstaltungskonzept. Noch das vorangegangene Konzert war nach altem Muster abgelaufen: den musikalischen Darbietungen folgte - als Attraktion für das Publikum und dessen geselligen Bedürfnissen entgegenkommend - der Ausklang des Abends mit Tanz. Der Erfolg des neuen Konzepts, also des anspruchsvollen Konzertprogramms ohne anschließenden Tanz, scheint indes nicht überzeugend gewesen zu sein, denn "der kleine Mozarteumsaal [erwies sich] als viel zu groß, um die zu fassen, die sich mit künstlerischen Darbietungen begnügen"[14].
Über das Programm fanden die Rezensenten fast ausschließlich lobende Worte. Es bestand aus Werken deutsch-böhmischer Musiker, denen hier zwanglos auch Alexander von Zemlinsky[15] zugesellt wurde. Er war der älteste (geb. 1871) unter den vertretenen Komponisten; nichtsdestoweniger übertraf er mit seinen bereits im Vorjahr einmal aufgeführten "Vier Liedern" an atonal orientierter Modernität zumindest die Beiträge Arthur Willners (geb. 1881) und Fidelio Finkes (geb. 1891). Von Willner standen vier Fugen aus dem nachromantisch-polyphonen Klavierzyklus "Von Tag und Nacht" auf dem Programm, während Finke mit seiner "Romantischen Suite" eine noch vor dem Krieg entstandene Jugendkomposition zur Diskussion stellte.

---

13 Prager Montagsblatt, 12. 3. 1923.
14 ibd.
15 Zemlinsky war seit 1911 musikalischer Leiter des Neuen deutschen Theaters und hatte in Prag eine Anzahl eigener Werke, darunter die Oper "Eine florentinische Tragödie", zur Aufführung gebracht.

In diesem Umfeld mußte Ullmanns Liederzyklus als "besondere Sensation des Abends" wirken. Die Komposition erschien den Rezensenten als das eigentlich "moderne" Stück des Programms, als ein Werk, das dem Titel der Veranstaltung - "Abend neuer Musik"[16] - im Sinne der damaligen Moderne uneingeschränkt gerecht wurde. So verwiesen sie auf die unüberhörbaren Vorbilder bzw. Lehrmeister des Debütanten - "auf den Spuren Mahlers und Schönbergs wandelnd"[17] - und hoben die "stachlige dissonante Harmonik" und die "schwierige moderne Melodieführung"[18] hervor. Betont wurden aber auch Ullmanns "Begabung für prägnante und drastische Illustration" im Klaviersatz und seine "natürliche melodische Invention"[19]. Der lyrische Grundton der Liedtexte wurde durch die scheinbar so gegensätzlichen Gestaltungsmittel keineswegs überlagert. Vielmehr vermerkten die Rezensenten Ullmanns Bemühen um eine Synthese, die insbesondere in dem einzigen dem Titel nach bekannten Lied - "Ich ging wohl über einen grünen Plan" - gelungen zu sein schien. Ein anmutiges, heiteres Gebilde, das nach spontanem Beifall sogleich wiederholt werden mußte.

Eine kritische Lektion hatte Ullmann freilich auch zu akzeptieren: der tragische Ton einiger anderer Lieder schien weniger gut getroffen, da er "zuweilen ein wenig ins Sentimentale entgleitet"[20].

Besonderes Lob erhielten die Interpreten dieses Konzerts. Olga Forrai, Sopranistin am Neuen deutschen Theater, hatte die angedeuteten Schwierigkeiten des Gesangsparts offenbar souverän gemeistert; ihr Auftritt wurde als "excellente Probe ihrer Liedgesangskunst"[21] gefeiert. Trotz "größter Deklamationskunst" war das Verständnis der Liedtexte jedoch auf weite Strecken beeinträchtigt, was freilich nicht der Sängerin, sondern den Veranstaltern zum Vorwurf gemacht wurde. Sie hatten versäumt, die Texte auf den Programmzettel drucken zu lassen. Stattdessen wurde das Publikum mit einem Inserat überrascht ...

Die Leistung Franz Langers, der von nun an regelmäßig als Interpret neuer Ullmann-Werke begegnete, wurde mit besonderer Aufmerksamkeit registriert. Der "prächtige, musikalisch und technisch in allen Sätteln seiner Kunst gerechte Pianist"[22] stand als Begleiter und Solist an diesem Abend ohnehin im Blickpunkt des Interesses, und es wird nicht zum geringsten Teil sein Verdienst gewesen sein, daß sowohl Ullmanns Zyklus als auch das gesamte Programm günstige

---

16 Prager Presse, 13. 3. 1923.
17 Wie Anm. 13.
18 Wie Anm. 16.
19 ibd.
20 ibd.
21 ibd.
22 Wie Anm. 13.

Aufnahme beim Publikum fanden: "Der Beifall war herzlich, zum Teil sehr begeistert."[23]

Dieser Erfolg mochte Ullmann bewogen haben, seine "Sieben Lieder" im folgenden Jahr in zwei weiteren Aufführungen erneut zu präsentieren. Veranstalter war in beiden Fällen der "Verein für musikalische Privataufführungen". Er war 1922 auf Anregung und unter der Ägide Zemlinskys entstanden und nach dem Vorbild des von Schönberg in Wien gegründeten gleichnamigen Vereins benannt und organisiert worden. Zielsetzung und Arbeitsweise des Vereins hatte Ullmann bereits während seines Studiums bei Schönberg kennengelernt. Kurz nach seiner Aufnahme in das Kompositionsseminar (Oktober 1918) war die Gründungsversammlung des Vereins einberufen worden (6. 12. 1918), auf der Ullmann mit der Funktion eines "Ordners" neben 18 weiteren Mitgliedern in den Gründungsvorstand gewählt wurde. Bis zu seiner Übersiedlung nach Prag im Mai 1919 dürfte er die Vorbereitung und Durchführung aller Vereinskonzerte der ersten Saison miterlebt haben[24].
Auch im Prager "Verein", dessen Ehrenpräsidentschaft Schönberg sogleich angetragen wurde, übernahm Ullmann Vorstandsaufgaben. In dessen zweiter Saison (1922/23) waren bereits neun Vereinsabende und eine öffentliche Rezitation (Schönbergs "Die Jakobsleiter") zu organisieren[25]. Ullmanns vom Deutschen Literarisch-künstlerischen Verein ausgerichtetes Komponistendebüt fiel zeitlich zwischen zwei Abende des Prager Vereins für musikalische Privataufführungen. Ein Blick auf die Programme dieser drei Veranstaltungen zeigt, wie scharf sich beide Institutionen durch ihre Auswahlkriterien und ihre inhaltlichen Akzente gegeneinander abgrenzten.

Abgesehen von der Öffentlichkeit seiner Vereinsabende galt die Betreuung "deutschböhmischer" Musiker als eines der programmatisch verankerten Ziele des Literarisch-künstlerischen Vereins. Mit seinen Aktivitäten versuchte er darüber hinaus, sich in allen Bereichen und Belangen des deutschen Kulturlebens in Prag zu einer zentralen Instanz zu entwickeln. Zu dem Zweck berief man Repräsentanten aller Kunstrichtungen (Literaten, Architekten, Maler, Opernsänger, Schauspieler usw.) in den Beirat des Vereinsvorstandes. Diese Entwicklung muß natürlich vor dem Hintergrund der "geteilten" Prager Kulturszene gesehen werden, in deren tschechischem Teil sich ebenfalls diverse Vereine konstituiert hatten. Unter ihnen spielte die "Přítomnost"-Gruppierung als

---

23   Wie Anm. 16.
24   Vgl. Arnold Schönberg. Katalog der Gedenkausstellung, hrsg. von Ernst Hilmar. Wien 1974. S. 72 ff. - Joan Allen Smith, Schoenberg and his circle. New York 1986. S. 82 f.
25   Vgl. Ivan Vojtek, Der Verein für musikalische Privataufführungen in Prag. In: A. Schönberg. Katalog ..., S. 83 ff., vgl. Anm. 24

Wortführerin der tschechischen musikalischen Avantgarde schon bald eine besondere Rolle.
Auf dem "Abend neuer Musik" am 10. 3. 1923 ließ man folgerichtig - d.h. im Sinne einer deutlichen kulturpolitischen Profilierung - aus Böhmen gebürtige bzw. in Prag tätige deutschsprachige Musiker zu Worte kommen. Nachgeordnetes Auswahlkriterium war die musikalische Modernität, die man wohl nicht auf die Spitze treiben wollte. Moderaten nachromantischen Komponisten (Willner, Finke) wurden deshalb Werke gegenübergestellt, die auf dem schmalen Grat zwischen Tonalität und Atonalität balancierten (Zemlinsky) oder den Schritt in die von Schönberg bereits durchmessene expressive Atonalität wagten (Ullmann). In diesem Zusammenhang sollte deshalb "neue Musik" nicht im Verständnis des avantgardistischen Anspruchs unserer Zeit mißdeutet werden. Das Motto des Abends sollte - im Gegensatz zu den geläufigen klassisch-romantischen Programmen - lediglich die relative Aktualität aller vorgestellten Werke signalisieren.

In den beiden nichtöffentlichen, in zeitlicher Nachbarschaft zum "Abend neuer Musik" veranstalteten Abenden des Vereins für musikalische Privataufführungen wurden gänzlich andere programmatische Akzente gesetzt. Wohl eher zufällig blieb zu beiden Terminen das vokale Element ausgespart; gegeben wurde überwiegend Kammermusik mit Klavier und Streichinstrumenten. Das Konzert vom 21. 2. 1923 stellte drei Werke französischer Provenienz vor. Neben den "Six epigraphes antiques" von Claude Debussy erklangen die Sonate für zwei Violinen und Klavier von Darius Milhaud und Arthur Honeggers Sonate für Viola und Klavier. Zum Abschluß spielte Eduard Steuermann, der auch in den vorangegangenen Stücken den Klavierpart betreut hatte, seine Klavierbearbeitung der Kammersymphonie op. 9 von Arnold Schönberg (das Werk galt damals schon als ein "Klassiker" der Moderne[26]).
Im Unterschied zu diesem französischen Programmakzent hörten die Mitglieder am 9. 4. 1923, auf dem achten Vereinsabend der laufenden Saison, ein "internationales" Programm. Eröffnet wurde es mit Max Regers Klaviertrio op. 102; es folgten zwei Stücke für Violine und Klavier aus "Mythen", komponiert von dem 1919 nach Warschau zurückgekehrten Polen Karol Szymanowski, sowie als weiteres Klaviertrio das von Maurice Ravel.
Die Tendenz zu wechselnden Programmschwerpunkten zeigt sich auch in den übrigen Veranstaltungen des Vereins für musikalische Privataufführungen. Seine Protagonisten widmeten sich, statt regionale oder nationale kulturelle Interessen durchzusetzen, der Förderung progressiver Künstler und ihrer Werke, unabhängig von deren nationaler oder stilistischer Zugehörigkeit. Der stets undogmatischen,

---

26 Vgl. Ullmanns spätere Einschätzung: "... ein Werk, das nach öfterem Hören 'klassisch' wirkt; ebenso meisterhaft in der Form, wie ökonomisch in den Mitteln..." Arnold Schönberg. Zum 60. Geburtstag. In: Bohemia, 13. 9. 1934.

an einem "sachlichen" Begriff von neuer Musik orientierten Werkauswahl und der nach sorgfältiger Probenarbeit auf höchstem Niveau realisierten Interpretation verdankten die Vereinskonzerte ihr charakteristisches Profil. Zudem übten sie in zwei Richtungen deutlich Zurückhaltung: in keinem Vereinsabend der Saison 1922/23 waren die Werke Schönbergs, Bergs und Weberns ausschließlich oder überwiegend vertreten; von den "deutschböhmischen" Komponisten erschien allein Fidelio Finke mit seinem Klavierwerk "Marionetten" auf dem Spielplan.

In der neuen Saison 1923/24 deutete sich eine bezeichnende Wende im Wirken des "Schönberg-Vereins" an: drei der insgesamt acht Vereinsveranstaltungen fanden als öffentliche Konzerte statt, unter ihnen die beiden Wiederaufführungen der "Sieben Lieder" von Viktor Ullmann. Der Verein begann so nicht nur die Öffnung zum Publikum, sondern betrieb auch die Annäherung an den Literarisch-künstlerischen Verein. Tatsächlich wurde noch im Jahre 1924 die Fusion vollzogen. Mit dem personellen Stamm des "Schönberg-Vereins" konstituierte sich innerhalb des Literarisch-künstlerischen Vereins eine eigenständige musikalische Sparte, die in den folgenden Jahren eine Anzahl höchst anspruchsvoller Konzerte hervorbrachte.

Als letztes eigenständiges Konzert hatte der Verein für musikalische Privataufführungen eine Matinee im Rahmenprogramm des Prager Musikfestes der Internationalen Gesellschaft für neue Musik (31. 5. - 2. 6. 1924) organisiert. Eigentlich handelte es sich hier um ein Doppelfestival, denn die den "Rahmen" bildende Veranstaltungsserie war dem Gedenken an den 100. Geburtstag Bedřich Smetanas gewidmet[27]. Die musikalischen Anstrengungen zu Ehren des Prager genius loci wurden mit derartigem Aufwand betrieben, daß bei einigen Beobachtern der Eindruck entstand, das IGNM-Fest würde von der Smetana-Zentenarfeier geradezu überwuchert, zumal so bedeutende Werke wie Arnold Schönbergs Einakter "Erwartung" und Alexander von Zemlinskys "Lyrische Symphonie" in Rahmenveranstaltungen aufgeführt wurden. Zumindest hatte dieser Rahmen "mit dem eigentlichen Fest der Internationalen Gesellschaft für neue Musik nicht das geringste zu tun und hatte vor allem den Zweck: mit Nachdruck das heimische Kunstschaffen produktiv oder reproduktiv in den Vordergrund zu rücken"[28].

Die Matinee vom 31. 5. 1924 brachte "Instrumental- und Vokalmusik sudetendeutscher Komponisten", zu denen - damals noch ebenso unbefangen wie undifferenziert - alle aufgeführten Künstler gezählt wurden. Die Kritiker werteten

---

27 Anton Haefeli, Die Internationale Gesellschaft für Neue Musik (IGNM). Ihre Geschichte von 1922 bis zur Gegenwart. Zürich 1982. S. 481.
28 Erich Steinhard, in: Die Musik 17.1924/25 (Oktober), S. 74.

Fidelio Finkes "Klaviertrio" als "das reifste der aufgeführten Werke"[29], während Erwin Schulhoff, der seine "opuscula" selbst vortrug, mit seiner ersten Klaviersonate und einem kurzen Variationenwerk keine vollständige Akzeptanz fand. Ein Liederzyklus des Brünners Bruno Weigl brachte "Straußische Klangfarbenmischung und Tonmalerei, fest in tonaler Geschlossenheit verankert"[30].
Ullmanns "Sieben Lieder" waren von der vorjährigen Aufführung in guter Erinnerung geblieben. Sie zeigten "den sympathischen, ernsten Musiker auf guten Wegen stimmungsfördernder, auf sinngemäße Deklamation und aparte Klangwirkung bedachter Ausdeutung lyrischen Gefühlsinhalts"[31]. Wiederum wurde eigens auf die "Schwierigkeiten des in weiten Intervallsprüngen geführten Vokalparts" und auf die unverkennbaren melodischen und harmonischen Einflüsse Mahlers und Schönbergs hingewiesen. Als Interpretin trat auch bei der Wiederaufführung Olga Forrai auf, diesmal vom Komponisten selbst "mit ausfeilender Sorgfalt"[32] am Klavier begleitet.

Bereits sechs Wochen vor dem Musikfest war Ullmanns Zyklus in einer weiteren Aufführung zu hören gewesen. Auf dem sechsten Abend des "Schönberg-Vereins" am 16. 4. 1924, der, wie schon gesagt, dem Publikum freien Zugang gewährte, stellte Ullmann sein Werk allerdings in einer neuen Version vor: in einer Bearbeitung für Kammerorchester. Das Programm enthielt außerdem Ernst Kreneks "Symphonische Musik" und Hans Schimmerlings "Miniaturen für Kammerorchester".
Das Ereignis eines öffentlichen Abends des Vereins für musikalische Privataufführungen war dem Rezensenten eine Glosse wert: "'Sieben Orchesterlieder' von Viktor Ullmann. Darüber dürfte eigentlich gar nicht berichtet werden, denn der 'Verein für musikalische Privataufführungen', der sie unter des Komponisten Leitung aus dem Manuskript spielen ließ, schließt in seiner auf Grund typisch Schönbergscher Antithese formulierten Satzung die Öffentlichkeit aus und Kritik ist schon ganz und gar unerwünscht. Aber da an diesem Abend auch sonst gegen die zehn Gebote des Vereins gesündigt wurde, nicht nur die Mitglieder, sondern auch Gäste Zutritt hatten und auch die Bei- und Mißfallenskundgebungen untersagende Vorschrift unbeachtet blieb, so daß der Komponist Gelegenheit bekam, für aufrichtig gespendeten Applaus zu danken, so wird diesem wohl kein Schaden zugefügt, wenn die Kunde von seinem Erfolg in weitere Kreise dringt."[33]
Diese ironisch verfremdete Erinnerung an die wichtigsten Grundsätze der Schönbergschen Veranstaltungsidee kann auch als vorweggenommener Nachruf ver-

---

29   Leo Schleissner, in: Bohemia, 1. 6. 1924.
30   ibd.
31   ibd.
32   ibd.
33   Felix Adler, in: Bohemia, 18. 4. 1924.

standen werden, wenn man die zu der Zeit sicher schon diskutierte Fusion der beiden führenden deutschen Kunstvereine antizipiert.

Auf Ullmanns künstlerische Entwicklung bezogen, scheint der Hinweis auf sein Engagement als Dirigent der eigenen Komposition von besonderem Interesse. Dieser Auftritt steht in direkter Beziehung zu seinem Einsatz als Klavierbegleiter in dem zuvor besprochenen Konzert (16. 4. 1924). Beide Ereignisse dürfen als Beleg dafür genommen werden, daß Ullmann, nachdem er sich bereits vier Jahre in der harten Schule des alltäglichen Opernbetriebs als Korrepetitor und Kapellmeister bewährt hatte, nunmehr mit dem nötigen Selbstbewußtsein auch in eigener Sache Aufgaben als Pianist und Orchesterleiter übernehmen konnte. Wenngleich eine Bemerkung über seine Leistung als Dirigent fehlt, so ist der Rezensent doch des Lobes voll über Ullmanns sensible Instrumentationkunst: "Und überdies klingt Ullmanns Orchester ausgezeichnet."[34]

Dieser Rezension verdanken wir weiterhin die Kenntnis des poetischen Umfelds, aus dem der Komponist die Texte für die "Sieben Lieder" bezog: Trakl, Tagore, Hafis und Louise Labé fallen als Namen; die Titel der Gedichte bleiben ungenannt. Dieser Poeten-Kreis hat Ullmann durch sein gesamtes Liedschaffen begleitet. Noch während der Protektoratszeit und sogar in Theresienstadt wählte er die Textvorlagen für seine späten Zyklen mit Vorliebe aus jenen poetischen Werken, denen schon seine frühe Neigung gehörte.

In seinen jungen Jahren stand er freilich mit der Begeisterung insbesondere für orientalische Lyrik nicht allein. Beispielsweise schrieb Karol Szymanowski seinen Liederzyklus op. 24 auf Gedichte des persischen Lyrikers Hafis (Schams od-Din Mohamed), und Alexander von Zemlinsky unterlegte seiner "Lyrischen Symphonie" Texte des indischen Dichter-Philosophen Tagore.

Mit der Sängerin der Matinee-Aufführung, deren "bewunderungswürdige Wiedergabe des an Stimmumfang und musikalische Intelligenz horrende Ansprüche stellenden Vokalparts"[35] hohe Anerkennung fand, teilte Ullmann in den 30er Jahren das Schicksal der Verfolgung durch die Nationalsozialisten. Tilly de Garmo war, nach ihrer Heirat mit dem Dirigenten Fritz Zweig unter dem Namen Mathilde Zweig, gemeinsam mit ihrem Mann an der Berliner Staatsoper engagiert. Beide wurden 1934 "entlassen" und gingen nach Prag. Kurz vor dem Einmarsch der deutschen Truppen konnten sie nach den USA emigrieren.

Trotz einer Titelangabe ("Ich ging über einen grünen Plan") und der Nennung von vier Dichternamen (Trakl, Tagore, Hafis, Labé) lassen sich über die konkreten Inhalte der "Sieben Lieder" keine sicheren Angaben machen. Auch die

---

34   ibd.
35   ibd.

angedeutete Unterscheidung zwischen "heiterer, anmutiger Stimmung" und "tragischem Ton" einzelner Stücke kann in dieser Frage nicht weiterhelfen. Unklar bleibt schließlich auch, ob Ullmann mit der zweiten Version lediglich eine Instrumentierung der Klavierfassung vorgelegt hat. Die dichte zeitliche Folge der Aufführungen und die Wahl einer anderen Interpretin könnten möglicherweise als Indizien für eine weitgehende kompositorische Revision der älteren Fassung gedeutet werden.

Unbestritten war jedoch schon unter den zeitgenössischen Kritikern, daß Ullmann sich mit den drei Aufführungen der "Sieben Lieder" eine glänzende Ausgangsposition für seine weitere Komponistenlaufbahn geschaffen hatte. In Erinnerung blieben "die Intensität des Gefühls" und "die Bedingungslosigkeit seiner klaren Sprache in seinen Kammerorchestergesängen"[36], und noch über ein Jahrzehnt später hält derselbe Rezensent Ullmanns in den frühen Liedern demonstrierten "Mut", seine "wertvolle Erfindungsgabe" und seinen "Klangsinn" für erwähnenswert[37].

Bleibt die Frage, warum der Komponist den erfolgreichen Erstling bei der Neuordnung seines Œuvres um 1935 nicht berücksichtigte. Sicher haben einige Werke aus den zwanziger Jahren der strengen Selbstkritik des reifen Meisters nicht standhalten können; doch wäre es durchaus denkbar, daß er die "Sieben Lieder" nicht ganz und gar verworfen, sondern einzelne von ihnen in die späteren Hafis- und Labé-Zyklen (op. 30 und 34) aufgenommen hat.

---

36 Erich Steinhard, in: Der Auftakt 4.1924, S. 153.
37 Helfert/Steinhard, Die Musik..., S. 180, vgl. Anm. 9.

Bühnenmusik zu Klabunds "Der Kreidekreis" (1925)

Das Jahr 1925 brachte gleich in den ersten Januartagen ein Theaterereignis, mit dem Ullmanns Name auf lange Zeit verbunden bleiben sollte. Im Neuen deutschen Theater wurde dem Publikum am 3. Januar ein neues dramatisches Werk von Klabund[38] vorgestellt. Das chinesische Hetärenspiel "Der Kreidekreis", erst am Neujahrstag in Meißen zum ersten Mal gegeben, erlebte bereits zwei Tage nach der deutschen Uraufführung seine Prager Premiere.
Der Auftrag, zu diesem "Spiel in fünf Akten" eine Bühnenmusik zu komponieren, traf Ullmann nicht unvorbereitet. In einem Brief aus dem Jahre 1935 erinnerte er sich, bereits während seiner Wiener Schulzeit mit der Vertonung lyrischer und epischer Texte begonnen zu haben; dem folgten "bald auch die ersten dramatischen Versuche"[39].
Zu einer tiefergehenden Auseinandersetzung mit den verschiedenen dramatischen Genres dürfte ihn freilich erst die langjährige Praxis als Opernkapellmeister motiviert haben. Gewiß gereichte es ihm auch zum Vorteil, daß er an einem Hause tätig war, das nicht nur die Oper und die Operette, sondern auch die Sprechbühne beherbergte. "Bühnenmusik" in allen erdenklichen Spielarten gehörte hier zu den fast alltäglichen Ereignissen des künstlerischen Betriebs.
Von diesem günstigen Erfahrungshintergrund abgesehen, bot der Auftrag etliche Anreize, bereits bearbeitete Projekte wieder aufzugreifen bzw. neue, größere vorzubereiten. Erinnert sei an die Wahl indischer und persischer Texte für die Vertonung der "Sieben Lieder". Von hier aus brauchte Ullmann - auf die Inhalte gesehen - nur eine kurze Wegstrecke bis zu Klabunds Stück zurückzulegen, als dessen Vorlage ein anonymes chinesisches Singspiel gedient hatte. Weitere Verbindungslinien laufen zu den klingenden Vorbildern Mahlerscher Provenienz (allen voran das "Lied von der Erde"), die sich in jenen Jahren in den philharmonischen Konzerten unter Zemlinskys Leitung einer intensiven Pflege erfreuten. Sie werden nicht nur den literarischen und musikalischen Geschmack des jungen Komponisten mitgeprägt, sondern auch ihren Teil dazu beigetragen haben, daß das Prager Publikum Sujets exotischen Charakters durchaus aufgeschlossen und aufmerksam begegnete.
Auf die weitere kompositorische Entwicklung Ullmanns gesehen, enthielt das "Kreidekreis"-Projekt eine bedeutsame Zukunftsperspektive. Hatte er sich bisher im Lied- und Kammermusikschaffen auf kleinere Formen und Besetzungen beschränkt, so nahm er nun erstmals ein größer dimensioniertes Werk in Angriff. Obwohl es als Bühnenmusik lediglich eine untergeordnete, dienende Funktion

---

38   d.i. Alfred Henschke (1890 - 1928).
39   Brief Ullmanns an Albert Steffen vom 16. 9. 1935. Albert Steffen-Stiftung, Dornach.

erfüllte, sollte es doch nicht achtlos als Gelegenheitskomposition abgetan werden. Vielmehr scheint die gelungene kompositorische Ausführung der "Kreidekreis"-Musik Ullmann dazu ermutigt zu haben, nun auch die Arbeit an einem echten musikdramatischen Entwurf aufzunehmen. Die Anfänge seiner Beschäftigung mit dem "Peer Gynt"-Stoff liegen vermutlich in dieser Zeit. Daß diese Oper schließlich doch nicht vollendet wurde, hat seine Gründe freilich nicht im musikalischen Bereich, sondern in der weltanschaulichen Neuorientierung des Komponisten zu Beginn der dreißiger Jahre.

Aus den Premierenberichten läßt sich nicht einmal ein fragmentarisches Bild der Bühnenmusik zum "Kreidekreis" erschließen. Der Umfang des Werkes und die besondere Placierung einzelner Stücke werden sowenig erwähnt wie die Differenzierung nach instrumentalen und vokalen Einlagen. Wichtiger schien den Rezensenten die allgemeine Charakterisierung des musikalischen Eindrucks gewesen zu sein.

Klabunds eigene Vorstellung von dem Stück ("Es sollte sein, wie wenn jemand von China träumt."[40]) hatte Bühnen- und Kostümbildner zu ansprechenden Entwürfen angeregt. Ihre Ausstattung "fördert die Illusion ganz nett", jedoch "wesentlich tat dies die Begleitmusik von Viktor Ullmann"[41]. Seine "aparte" Musik unterstützte die Stimmung und überraschte mit "eine[r] Menge origineller Orchestereinfälle, ist lustig, ungemein amüsant"[42]. Einer der Kritiker fühlte sich an "Goossens Musik zu 'Östlich von Suez' (von Maugham)"[43] erinnert. Nicht ohne Bedeutung scheint auch die Anmerkung, daß Ullmann seine Musik "unter Verwendung chinesischer Originalmelodien komponiert"[44] habe. Es ging ihm demnach wohl weniger um das oberflächliche Nachempfinden des musikalischen "Lokalkolorits", als vielmehr um den Versuch einer authentischen Illustration der Personen und der Handlung mittels "originaler" Stilelemente.

Auf diese "Kühnheit" bezieht sich wahrscheinlich auch die folgende Passage aus einem Komponistenporträt Ullmanns, das vier Jahre nach der Entstehung des Werkes veröffentlicht wurde: "In weiteren Kreisen bekannt wurde er durch seine Musik zu Klabunds Schauspiel 'Der Kreidekreis', die mit ihrer zarten, stimmungsvollen Exotik trotz aller Kühnheit viel Anklang fand."[45]

---

40 Kindlers Literaturlexikon Bd. 6. Zürich 1972, S. 5370.
41 Prager Presse, 6. 1. 1925.
42 Prager Tagblatt, 4. 1. 1925.
43 ibd. Der englische Dirigent und Komponist Eugène Goossens (1893 - 1962) hatte 1922 eine Bühnenmusik (op. 33) zu William Sommerset Maughams "East of Suez" geschrieben.
44 Edwin Janetschek, in: Zeitschrift für Musik 92.1925, S. 108.
45 Theodor Veidl, Viktor Ullmann, der Lineare. In: Der Auftakt 9.1929, S. 78. Das Porträt erschien anläßlich der Aufführung von Ullmanns "Schönberg-Variationen" auf dem Genfer Festival der IGNM.

Einige Probleme mußte es allerdings vor der Premiere gegeben haben. Wahrscheinlich hatte man während der letzten Wochen des zu Ende gehenden Jahres 1924 bei den musikalischen Proben für die Sprechbühnenaufführung Abstriche zugunsten bevorstehender festlicher Veranstaltungen machen müssen (Weihnachts- und Neujahrskonzerte, Silvesterball), so daß die letzte Arbeitsphase nicht zur Zufriedenheit des Komponisten verlaufen konnte. In einem Nebensatz verweist der Rezensent deshalb wohl zu Recht auf die "leider nicht exakt genug einstudierte Bühnenmusik"[46].

Die Mängel in der musikalischen Ausführung sind sicher schleunigst behoben worden, und das aus guten Gründen: der "Kreidekreis" entwickelte sich nämlich zu einem durchschlagenden Publikumserfolg. Vor ständig ausverkauftem Haus wurde das Stück in der zweiten Hälfte der Spielzeit 1924/25 fast regelmäßig zweimal wöchentlich gegeben. Bereits am 15. März 1925 annoncierte die Theaterkanzlei des Neuen deutschen Theaters im "Prager Tagblatt" die 20. Vorstellung. Am 23. März, anläßlich der Uraufführung der "Symphonischen Phantasie", wird noch einmal an die noch immer aktuelle "feine Musik zum 'Kreidekreis'" erinnert, welche "die Aufmerksamkeit [des musikalisch interessierten Publikums] auf sich gelenkt" habe[47].

Mitte Mai feierte man Jubiläum: die 25. Aufführung des "altchinesischen Hetärenspiels, dessen Zugkraft ungeschwächt anhält", ging am 13. Mai 1925 "mit der aparten Musik Viktor Ullmanns" über die Bühne[48]. Zum dreißigsten und letzten Mal wurde der "Kreidekreis" am 15. Juni gegeben[49].

Die Kunde von der erfolgreichen Inszenierung war bis nach Aussig gedrungen, wo Alfred Huttig, der Direktor des privat geführten Theaters, das Stück in den Spielplan der neuen Saison aufnahm. Mit Ullmanns Bühnenmusik erlebte Klabunds "Kreidekreis" ein Jahr nach dem Beginn der Prager Aufführungsserie seine Aussiger Premiere[50].

Möglicherweise ist die Aussiger Direktion durch diese Kooperation auf den jungen Kapellmeister und Komponisten aufmerksam geworden. Die näheren Umstände von Ullmanns für die Spielzeit 1927/28 erfolgtem Engagement nach Aussig bleiben jedoch ungeklärt, da der größte Teil des Theaterarchivs 1945 vernichtet wurde.

---

46 Prager Tagblatt, 4. 1. 1925.
47 Bohemia, 27. 3. 1925.
48 Prager Tagblatt, 10. 5. 1925.
49 ibd., 14. 6. 1925.
50 Aussiger Tagblatt, 11. 1. 1926. Vgl. Martin Knechtel, Das Opern- und Konzertleben der deutschsprachigen Bevölkerung in Aussig/Böhmen (1918-1938). Schriftliche Hausarbeit zur ersten Lehramtsprüfung. Musikhochschule Köln, 1993, S. 36.

Mit keinem anderen seiner früheren oder späteren Werke konnte Ullmann die Aufführungszahl der "Kreidekreis"-Musik auch nur annähernd erreichen. Nicht ganz ausgeschlossen erscheint weiterhin, daß Alexander von Zemlinsky, der Operndirektor des Neuen deutschen Theaters, unter dem Eindruck des dramatischen, musikalischen und finanziellen Erfolgs von Klabunds Drama bereits damals über eine eigene Vertonung des Stoffes nachzudenken begonnen hatte. Zemlinsky hat die Partitur seiner Oper "Der Kreidekreis" 1932 vollendet[51].

Noch zweimal im Verlauf seiner weiteren musikalischen Karriere sollte Ullmann Gelegenheit bekommen, an die Erfahrungen und Erfolge mit seiner Bühnenmusik zum "Kreidekreis" anzuknüpfen. Während seines Engagements am Zürcher Schauspielhaus (1929-31) schrieb er Begleitmusiken u. a. zu Schillers "Wallenstein", Hofmannsthals "Jedermann" und Grillparzers "Weh' dem, der lügt". Im KZ Theresienstadt entstand außer der vielzitierten Musik zu einer dramatisierten Fassung von François-Villon-Balladen auch eine bisher nicht einmal dem Titel nach bekannte Komposition zu Aeschylos' "Prometheus"[52].
Über die meisten dieser "Gelegenheitskompositionen" liegen Aufführungsberichte vor; Noten blieben, von wenigen mündlich überlieferten Bruchstücken aus der "Villon"-Musik abgesehen[53], nicht erhalten.

---

51   Das Werk, ursprünglich für Berlin vorgesehen, wurde 1933 in Zürich uraufgeführt. Der dortige Opernchef, Dr. Robert Kolisko, zuvor kurzzeitig Kapellmeister am Prager Neuen deutschen Theater und dort auch mit Ullmann bekannt geworden, hatte bereits 1931 mit der Zürcher "Wozzeck"-Premiere Aufsehen erregt. Zu Koliskos Prager Beziehungen vgl.: Ingo Schultz, "... ich bin schon lange ein begeisterter Verehrer Ihres 'Wozzek'". Viktor Ullmann und Alban Berg. In: Musiktheorie 7.1992. H. 2. S. 113 ff.
52   Brief Ullmanns an Otto Zucker vom 1. 6. 1943. Israel, Privatbesitz.
53   Vgl. Viktor Ullmann: 26 Kritiken über musikalische Veranstaltungen in Theresienstadt. Hrsg. und kommentiert von Ingo Schultz. Hamburg 1993. (Verdrängte Musik. Bd. 3) S. 20.

"Symphonische Phantasie" (1925)

Noch war kein Ende der "Kreidekreis"-Vorstellungen abzusehen, da hatten bereits die Vorbereitungen für ein Konzert begonnen, mit dem Viktor Ullmann eine neue Stufe seiner Komponisten-Laufbahn erklimmen sollte. Dies musikalische Ereignis wurde von den Prager Tageszeitungen als "Sensationsprogramm" angekündigt, und es war in der Tat eine in jeder Beziehung denkwürdige Veranstaltung. Für Ullmann konnten die äußeren Umstände kaum günstiger ausfallen, denn sein "zweites" Debüt, d.h. sein erster öffentlicher Auftritt als Symphoniker, fand in einem dem anspruchsvollen Gegenstand durchaus angemessenen Rahmen statt: das neue Werk, die "Symphonische Phantasie", war in das Programm des vierten Philharmonischen Konzerts in der Saison 1924/25 aufgenommen worden.

Die Konzerttätigkeit des am Neuen deutschen Theater beheimateten Opernorchesters war zwar bereits unter dem legendären Angelo Neumann[54] begründet worden, doch blieb es Alexander von Zemlinsky vorbehalten, die Tradition der "Philharmonischen Konzerte" mit neuem Leben zu erfüllen. Von seinem Amtsantritt 1911 bis zu seiner Demission 1927 war - übrigens auch die Kriegsjahre hindurch - mit jeder Opernspielzeit ein Zyklus Philharmonischer Konzerte verbunden. Mit besonderem Eifer setzte sich Zemlinsky für das sinfonische Werk Gustav Mahlers ein, ohne darüber das zeitgenössische Schaffen zu vernachlässigen (Strauss, Reger, Schönberg, Debussy)[55]. Dennoch wurde ausdrücklich als Novum vermerkt, daß der "spiritus rektor [!] der philharmonischen Konzerte" mit der Programmgestaltung des Konzertes vom 24. März 1925 einer lange nicht wahrgenommenen Pflicht genügt habe: "Er hat die ganz Jungen zu Worte kommen lassen, [...] die ungeduldig darauf warten, sich endlich mitteilen zu können, [...] den besten Nachwuchs unter den heimischen deutschen Komponisten."[56] Ein mutiger Entschluß, denn die Philharmonischen Konzerte waren nicht etwa ein subventioniertes Unternehmen, sondern mußten sich allein aus ihren Konzerteinnahmen finanzieren. Zemlinsky war sich allerdings des Risikos bewußt, ein ausschließlich modernes Programm mit

---

54 Neumann (1838 - 1910) setzte sich vehement für die Opern Richard Wagners ein, die seit 1885 in acht Zyklen und vielen Einzelaufführungen in Prag zu hören waren. Unter Neumanns Direktion wurde zudem eine Reihe später berühmt gewordener Dirigenten engagiert: G. Mahler, K. Muck, L. Blech, Fr. Schalk, O. Klemperer. Vgl. Erich Steinhard, Zur Geschichte der Prager Oper 1885 - 1923. In: Prager Theaterbuch. Hrsg. Carl Schluderpacher. Prag 1924. S. 147 ff.
55 Vgl. Arnošt Mahler, Alexander Zemlinsky. In: Die Musikforschung 26.1971, S. 250 ff.
56 Felix Adler, in: Bohemia, 27. 3. 1925.

teilweise radikalen Tendenzen zu präsentieren, mit jungen Komponisten, "deren Namen noch nicht akkreditiert sind und die deshalb mit einem Zulauf nicht zu rechnen hatten"[57]. Kurzerhand verpflichtete er die gerade in Prag gastierende Violinvirtuosin Erika Morini, die mit einer vollendeten Interpretation von Mozarts A-Dur-Violinkonzert (KV 219) "auch die der modernen Musik nicht Grünen vollkommen versöhnte"[58].

Außer Ullmanns "Symphonischer Phantasie" erklangen in diesem Konzert "32 Variationen über ein eigenes Thema" von Erwin Schulhoff (1894-1942) und der Liederzyklus "Die Kirschblüte" von Hans Schimmerling (1900-1967).
"Alle drei sind Musiker von ausgesprochen moderner Prägung und jeder von ihnen hat bereits sein eigenes Profil."[59]
Schulhoff galt den Rezensenten als der radikalste Vertreter der Moderne. Umso aufmerksamer wurden die fehlende Prägnanz des thematischen Einfalls und die zwar artistische, jedoch formal unbefriedigende Gestaltung der Variationen vermerkt. Obwohl das Werk schlichtweg als "viel atonaler Lärm um nichts"[60] abgetan wurde, schien das Publikum, das "an die Aggressivität solcher Harmonik bereits gewöhnt" war, dem Vortrag "widerspruchslos" zu folgen[61].
Weniger Probleme bereiteten Schimmerlings acht Gesänge "Die Kirschblüte" nach Gedichten von Otto Erich Hartleben. Wegen ihrer ansprechenden Melodik und der in den symphonischen Zwischenspielen entwickelten orchestralen Klangfarben glaubte der Komponist sich mit einem Programmhinweis entschuldigen zu müssen: die Komposition stamme aus seiner Studienzeit am Konservatorium; heutzutage würde er fortschrittlicher, moderner schreiben. Dazu bemerkte ein Rezensent spitz, vielleicht wäre eine Entschuldigung gerade dann angebracht gewesen, wenn die Tonsprache der Lieder fortschrittlich-modern wäre. Als "warm empfindender Lyriker" habe Schimmerling Stimmung und Aussage der Dichtung richtig erfaßt und brauche sich seines Werkes "als einer durchaus vollwertigen Talentprobe keineswegs zu schämen"[62].

Zwischen Schulhoffs "Variationen" und den Orchesterliedern von Schimmerling hatte Ullmanns "Symphonische Phantasie" ihren Programmplatz. Der Komponist hatte offenbar einige Schwierigkeiten, einen geeigneten Titel für das dreisätzige Werk zu finden. Ursprünglich hatte er das bereits 1924 entstandene Opus

---

57   Erich Rychnowsky, in: Prager Tagblatt, 27. 3. 1925.
58   Wie Anm. 56.
59   ibd.
60   Wie Anm. 57.
61   Wie Anm. 56.
62   ibd.

"Solokantate für Tenor und Orchester" genannt[63]. Dieser Titel war jedoch insofern irreführend, als er im streng terminologischen Sinn nur auf einen Teil der Komposition zutraf: die Zuordnung zur vokalen Gattung der Kantate ließ sich lediglich mit dem Tenor-Einsatz im abschließenden Satz rechtfertigen. Aus demselben Grund versagte sich Ullmann schließlich die schlichte Benennung "Symphonie", denn trotz des sich in den Anfangssätzen manifestierenden instrumentalen Übergewichts entwickelte das vokale Finale soviel eigene formale Dynamik, daß die Sprengung der Grenzen auch dieser Gattung nur umso offensichtlicher geworden wäre. Mit der endgültigen Bezeichnung als "Symphonische Phantasie" schien zumindest der terminologische Zwiespalt (Kantate - Symphonie) überwunden zu sein. Im Titel deutete sich nunmehr eine gewisse Nähe zur symphonischen Dichtung an.

Die programmatische Grundidee war mit der Wahl des "Tantalos"-Stoffes gegeben. Ullmann übernahm sie aus der gleichnamigen Verstragödie des österreichischen Dramatiker Felix Braun (1885-1973). 1917 entstanden, stellt das fünfaktige Werk eine freie Bearbeitung des antiken Mythos dar, in welcher der mykenische König Tantalos als faustischer, über Besitz, Macht und persönliches Glück hinausstrebender Gottsucher erscheint. Für die frevlerische Versuchung der Götter wird er verflucht und unter unvorstellbaren Qualen zur ewigen Strafe in das Totenreich verbannt. Erst die zur Selbstaufopferung bereite Gattin erwirkt die Aufhebung des Fluchs. Tantalos wird - gemeinsam mit den übrigen Verdammten - von seinen Qualen erlöst. Das Königspaar erstrahlt fortan als Doppelgestirn am nächtlichen Himmel.

Obwohl die Rezensionen nur vage Andeutungen über die musikalische Gesamtkonzeption enthalten, lassen sich aus ihnen sowie aus der Kenntnis des Stoffes doch einige Aussagen über die vermutliche formale und inhaltliche Gestaltung der "Symphonischen Phantasie" entwickeln.

Als wichtigster Anhaltspunkt kann das Zitat eines Textfragments aus dem Tenorsolo des Finalsatzes gelten: "So gedenk auch meiner ohne Klage! Denn es ist das Ferne nicht beklagenswert, vielmehr das Nahe, das in ewigem Schatten ruht."[64] Es bezeichnet die Handlungssituation vor der Verdammung ins Totenreich - den "Abschied des Tantalos" von der Welt der Lebenden. Indem er die Sprache an dieser Stelle und in dieser Situation einsetzen läßt, gibt Ullmann dem abschließenden Satz einen eindeutigen Sinn und dem ganzen Werk eine klare Entwicklungsrichtung. Offenbar erklärt sich daraus auch der erheblich größere Aufwand an musikalischen Mitteln in den instrumentalen Anfangssätzen im Vergleich zur schlichten, beruhigten Ausdruckshaltung des vokalen Finalsatzes. Für den "pessimistisch resignierenden, aber doch zu tröstlichem Ausblicke

---

63   Vgl. Erich H. Müller, Deutsches Musiker-Lexikon. Dresden 1929. Sp. 1479.
64   Wie Anm. 57.

gelangenden Schlußgesang"[65] fand Ullmann eine "einfache melodische Linie"[66] und hielt "trotz großer Freiheit der Stimmführung an der Tonalität fest"[67].
Wurde diese Zurücknahme der musikalischen Mittel als "Concession" an die "normale Musikalität"[68] empfunden, so fehlten andererseits auch nicht die Hinweise auf die radikale Modernität der Harmonik und Instrumentation[69] sowie auf gewisse Übertreibungen insbesondere beim Einsatz "greller Farben, die "manchmal aufgesetzt" wirkten, "ohne daß man recht verstünde, warum es so sein muß"[70]. Dennoch fand die "lebhafte Phantasie in der instrumentalen Farbenmischung"[71] allgemeine Anerkennung.

Die auffällige Häufung der Anmerkungen zur Instrumentation ergeben eigentlich nur dann einen Sinn, wenn man versucht, sie im Bezug auf den ersten Satz der "Symphonischen Phantasie" zu interpretieren. Im scharfen Kontrast zum Abgesang des Tenorsolos hatte Ullmann hier allem Anschein nach einen orchestralen Sturm entfesselt, um ein musikalisches Porträt des hochfahrenden, an den Ketten irdischer Beschränktheit rüttelnden Tantalos zu entwerfen. Das wilde Aufbegehren und die ungezügelte Hybris des Titelhelden werden in der dramatischen Bewegtheit dieses Satzes wohl ebenso zum Ausdruck gekommen sein wie sein tragischer Sturz und seine verzweifelte Flucht vor der Strafe der Götter. Einiges spricht dafür, daß die Rezensenten mit diesen inhaltlichen Aspekten der Braunschen Tragödie nicht bis ins Detail vertraut waren, daß sie die Programmidee des Einleitungssatzes demnach kaum vollständig nachvollziehen konnten. Hieraus würde sich das Monitum erklären, der Komponist habe sich nicht vor dem exzessiven Einsatz "unerhörter" Klangfarben gescheut. Der Tadel machte freilich Sinn, träfe er ein Werk der absoluten Musik. Doch Ullmann ging es offenbar nicht um die selbstzweckhafte Verwendung ungewöhnlicher, "greller" Instrumentalklänge, sondern um deren Gebrauch im Dienste der musikalischen Realisierung eines programmatischen Vorwurfs.

Die Verbindung zwischen dem ersten Satz und dem Finale stellte ein Adagio her, in dessen Mittelpunkt ohne Zweifel die Darstellung des leidenden Tantalos gestanden hat. Der ausdrucksstarke Satz, in dessen "Durcharbeitung" sich "eine ungewöhnliche Einheit von Wollen und Können" offenbarte[72], hatte wohl die seelischen Leiden des gestürzten Königs, verursacht durch die Erkenntnis der

---

65 Wie Anm. 56.
66 Wie Anm. 57.
67 Wie Anm. 56.
68 Hertha Wien-Claudi, in: Signale für die musikalische Welt 83.1925, S. 1339 f.
69 ibd.
70 Wie Anm. 57.
71 ibd.
72 ibd.

eigenen moralischen Unzulänglichkeit und durch die Einsicht in die Fehlbarkeit menschlichen Handelns zum Inhalt. Mit "edle[m] Pathos" und in der "logische[n] Konsequenz" des programmatischen Konzepts wußte die Komposition "sich Respekt zu schaffen"[73].

Ullmanns Werk, das "über die Phantasie nicht die Form"[74] vergaß, nimmt in der Zusammenschau aller in den Rezensionen vorgefundenen Details eine recht konkrete äußere Gestalt an, der ein einleuchtender programmatisch-inhaltlicher Kontext unterlegt werden kann. Die dreisätzige Anlage bestand demnach aus einem dramatisch aufgewühlten Einleitungssatz (Allegro), einem vom Ausdruck des Leidens, der Trauer und der Klage erfüllten Mittelsatz (Adagio) und dem Schlußsatz mit dem Tenor-Solo nach Brauns "Abschied des Tantalos" (Finale).

Weniger deutlich tritt das musikalische Profil hervor, das in den Rezensionen lediglich in allgemeinen Formulierungen anklingt. Bemerkenswert erscheint zumindest, daß als einziges prägendes Vorbild Ullmanns die "Ideenwelt des letzten Mahler"[75] angesehen wurde, während Anspielungen auf die Schönberg-Schülerschaft - von einer Ausnahme abgesehen[76] - fehlen. Als "herb und trotzig" erschien der Ausdruck; der Komponist strebe "nach höchsten Zielen"[77], dabei gehe ihm "der musikalische Atem nicht gleich aus [...], wenn er zu musizieren beginnt"[78]. Von "fanatischem Künstlerwillen" ist die Rede, von bewußter Könnerschaft, mit der Ullmann "seine Themen aufbaut, durchführt und das Ganze rundet"[79]. In "schroffsten Gegensatz" zum "sordinierten Radikalismus" von Schimmerlings "Kirschblüte" setzte ein Rezensent Ullmanns neues Opus: "Instrumental und harmonisch gehört das Stück zum radikalsten der neueren Literatur."[80]

Neben der durchgängigen Anerkennung des "große[n] Formtalent[s]"[81] machte sich zu dem Aspekt der formalen Gestaltung nur eine kritische Stimme vernehmbar. In dem bereits erwähnten Komponistenporträt von 1929 wird Ullmann zwar "ein starker Formwille" attestiert, doch sei er den weit gesteckten

---

73 Wie Anm. 56.
74 ibd.
75 ibd.
76 Erich Steinhard, in: Die Musik 17.1924/25 (Juni), S. 713: "... ein ungemein ernster zünftiger Schönberg-Schüler..."
77 Wie Anm. 56.
78 Wie Anm. 57.
79 ibd.
80 Erich Steinhard, in: Der Auftakt 5.1925, S. 120.
81 ibd.

Zielen "damals noch nicht ganz gewachsen" gewesen[82]. Der Verfasser, der diesen Artikel aus einem zeitlichen Abstand von vier Jahren geschrieben hatte, griff hier womöglich auf etwas verwischte Erinnerungen zurück; obendrein traf vielleicht auch auf ihn die schon in anderem Zusammenhang geäußerte Vermutung zu, er habe nur einen begrenzten Einblick in die inhaltlichen Vorstellungen des Komponisten gehabt. Andererseits spricht die Tatsache, daß der kurze Essay anläßlich der an Ullmann ergangenen Einladung zum Genfer IGNM-Fest verfaßt wurde, für eine weitere Deutungsmöglichkeit. Der Autor Theodor Veidl, der mit Ullmann schon seit mehreren Jahren persönlich bekannt war, hat sich im Gespräch mit dem Komponisten-Kollegen sicher Gewißheit über die Stichhaltigkeit seiner Aussagen verschafft, die dann an herausgehobener Stelle in der führenden deutschsprachigen Musikzeitschrift des Landes veröffentlicht werden sollten. Umgekehrt wird Ullmann nicht nur daran interessiert gewesen sein, daß man seinen Festival-Beitrag, die "Schönberg-Variationen", im günstigsten Lichte, d.h. als die bisher fortgeschrittenste Arbeit eines in steter Entwicklung begriffenen jungen Komponisten präsentierte. Vielmehr mußte die vorteilhafte Beurteilung der aktuellen Komposition noch positiver erscheinen, wenn frühere Werke mit kritischer Distanz betrachtet wurden. So verstanden, dürfte Veidls abschließende Bemerkung über die "Symphonische Phantasie" wohl nicht als vernichtender Urteilsspruch interpretiert werden: "In der Gesamtheit seines Schaffens, wie man es heute [1929] überblicken kann, bedeutet [die 'Symphonische Phantasie'] nicht mehr als eine, wenn auch starke Talentprobe."[83] Sie bezeichnet das Werk vielmehr als Durchgangsstation für den Komponisten, der diese Phase seines Schaffens hinter sich gelassen und nunmehr ein neues, höheres künstlerisches Niveau erreicht habe.

Vor dem Hintergrund der persönlichen Beziehung zwischen den beiden Musikern ließe sich noch folgern, Veidl habe hier gar nicht seine eigene Meinung wiedergegeben, sondern Ullmanns kritische Einstellung gegenüber dem eigenen Werk übernommen. Eine Bestätigung für diese "verborgene" Selbsteinschätzung liefern allerdings nur die in den dreißiger Jahren entstandenen Werkverzeichnisse, in denen sich keine Spur mehr von der "Symphonischen Phantasie" findet. Bei der Durchsicht und Neuordnung seines Oeuvres um 1935 hat der Meister das "frühe" Werk offensichtlich als noch nicht ausgereift, aber auch einer Überarbeitung für unwürdig befunden und verworfen.

Der Vollständigkeit halber seien einige Ergänzungen zur besonderen Präsentationsform des Philharmonischen Konzerts vom 24. März 1925 angefügt.

---

82 Theodor Veidl, vgl. Anm.45.
83 ibd.

Sie betreffen die Ausführenden, den Ablauf und die Reaktion der Kritiker auf dieses ungewöhnliche Ereignis.
Ohne Umschweife verwiesen die Rezensenten auf die eigenwillige Kombination von Alt und Neu: "Durch das Programm des Konzerts ging ein Bruch, der sich nicht verkleistern ließ."[84] Ein Violin-Konzert von Mozart "mitten unter die Neutöner" zu setzen, das verriet doch allzu deutlich die doppelte Absicht, das "in seiner starren Konsequenz achtunggebietende Programm" aufzulockern und zugleich "dem Publikum die drei Gänge moderner Kost heimischer Zubereitung zu versüßen"[85]. Doch obwohl die Feuilletonisten sich mit der Kompromißformel des Programms nicht recht befreunden konnten, berichteten sie - von kleinen Seitenhieben abgesehen - wohlwollend und konstruktiv-kritisch über Ablauf und Inhalte der Veranstaltung.

Hervorgehoben wurde zunächst die Leistung des Orchesters, "das sich willig in den Dienst der Sache stellt und die oft skurrilen Wünsche eines Komponisten nach besten Kräften erfüllt"[86]. Weiterhin erhielt es Lob für seine erstaunliche Anpassungsfähigkeit, die es unter vier (!) Dirigenten im Verlauf des Abends bewiesen hatte. Außer Zemlinsky, der es sich nicht nehmen ließ, das Violin-Konzert "mit der ihm immanenten Mozartdelikatesse"[87] zu dirigieren, standen alle drei Komponisten als Interpreten der eigenen Werke am Pult. Ullmann und Schimmerling, "unserem Theater als Kapellmeister verpflichtet"[88], hatten, da das Orchester mit ihrem Temperament und ihrer Arbeitsweise bereits vertraut war, keinen sonderlich schweren Stand. Allein der "outsider" Schulhoff, dem Publikum bislang ausschließlich als Pianist bekannt, wirkte als Dirigent wohl weniger überzeugend. Während es einmal undifferenziert heißt, die Komponisten "traten mit mehr oder weniger Feuer für ihr Werk ein"[89], findet sich an anderer Stelle eine deutliche Wertung: "Die Intensität stufte sich von Schimmerling über Ullmann zu Schulhoff ab."[90]
Auch an den Sängern (dem Tenor Dr. Franz Fellner für Ullmann und dem Bariton Hans Komregg für Schimmerling) hatten die dirigierenden Komponisten "hingebungsvolle Helfer"[91]. Hier war es besonders Fellner, "dem man in letzter Zeit bei verschiedenen künstlerischen Anlässen gern begegnete" und der "den Abschied des Tantalos stimmschön und mit tiefem Ausdruck gesungen" habe[92].

---

84 Wie Anm. 57.
85 ibd.
86 ibd.
87 ibd.
88 ibd.
89 Wie Anm. 68.
90 Wie Anm. 57.
91 Wie Anm. 56.
92 Wie Anm. 57.

Trotz aller Einwände wurde der künstlerische Ertrag des Konzerts als Gewinn verbucht. Und zweifellos verdienstvoll war es auch, den konservativen Publikumsgeschmack "soweit unterminiert zu haben, daß ein Konzert mit fast ausschließlichem Novitätenprogramm möglich war"[93].

Mit zwei Werken, der Bühnenmusik zum "Kreidekreis" und der "Symphonischen Phantasie", konnte Viktor Ullmann seine Komponistenkarriere, an deren Anfang die "Sieben Lieder" gestanden hatten, zu Beginn des Jahres 1925 fortsetzen. Nicht nur durch deren nach höchst arbeitsintensiven Vorbereitungen erreichte Aufführungserfolge, sondern auch aufgrund einer Anzahl weiterer Verpflichtungen gestaltete sich dieses Jahr zum ereignisreichsten seines bisherigen Prager Wirkens.

Im Vordergrund seiner musikalischen Tätigkeit stand nach wie vor das feste Engagement als Kapellmeister am Neuen deutschen Theater. Neben den täglich anfallenden Proben und dem ebenfalls zu seinen Pflichten gehörenden Dirigat der eigenen Bühnenmusik hatte er, zeitweise in Vertretung Zemlinskys, eine Reihe von Opernaufführungen im Repertoire-Betrieb zu leiten.[94] Ebenfalls in diesem Rahmen verliefen die Proben zum nächsten Philharmonischen Konzert, das für den 19. April als Sonntags-Matinee angekündigt wurde und außer den symphonischen Erstlingen Beethovens und Mahlers die Prager Erstaufführung der "Wozzeck"-Bruchstücke von Alban Berg brachte.

Erst Anfang des Monats hatte Zemlinsky das Aufführungsmaterial bei der Wiener Universal Edition angefordert[95], ohne seine Musiker damit in Verlegenheit zu bringen. Voller Bewunderung schrieb Ullmann darüber an Berg: "Zemlinsky hatte eine geteilte Probe und drei Gesamtproben, was für sein Orchester vollständig genügte, welches so schwierige Werke bereits mit unglaublicher Selbstverständlichkeit spielt."[96] Ullmann selbst hatte erheblichen Anteil an dieser Premiere, denn ihm war die Aufgabe übertragen worden, die "Bruchstücke" aus der Rolle der Marie mit der Sopranistin Tilly de Garmo einzustudieren. Über die Leistung der Solistin, die ja auch seine "Sieben Lieder" interpretiert hatte, berichtete er dem Komponisten: "... sehr musikalisch, gut gebildete, hübsche Stimme [...] Diese drei Szenen [...] hat sie vorzüglich gesungen und gestaltet; sie ist jedenfalls gegenwärtig unsere begabteste Sängerin."[97]

---

93   Wie Anm. 56.
94   Nach Jitka Ludvová, vgl. Anm. 4.
95   Brief Zemlinskys an die UE vom 3. 4. 1925. Wiener Stadt- und Landesbilbiothek. UE-Korrespondenz. Zemlinsky Nr. 172.
96   Brief Ullmanns an Alban Berg vom 27. 4. 1925. Österreichische Nationalbibliothek Wien. Musiksammlung. F 21 Berg 1472/1.
97   ibd.

Das Werk wurde am 20. Mai in der Schlußveranstaltung des Prager IGNM-Festes mit derselben Besetzung und in Anwesenheit Alban Bergs wiederholt.[98]

Erst in der zweiten Jahreshälfte, beginnend mit der Sommerpause im Spielbetrieb der Oper, fand Ullmann wieder Zeit, sich mit neuen Kompositionsplänen zu beschäftigen. Während das 1924 vollendete "Oktett" noch der Uraufführung harrte, arbeitete er bereits an zwei neuen Werken. Von dem "Konzert für Klarinette und Orchester" ist außer einer beiläufigen Zeitschriftennotiz[99] nichts weiter überliefert. Dagegen gelang es ihm, mit den "Schönberg-Variationen" sein Renommé als Komponist in Prag zu festigen und schließlich auch den internationalen Durchbruch zu erreichen.

---

98 Zu Ullmanns Briefwechsel mit Berg und zur Geschichte der Prager "Wozzeck"-Aufführungen s. Ingo Schultz, "...ich bin schon lange ...", vgl. Anm. 51.
99 Oskar Baum, Junge deutsche Musik in der Tschechoslowakei. In: Der Auftakt 5.1925, S. 136.

Oktett, op. 3 (1926)

Das Konzert, in dem Ullmanns neues Kammerwerk uraufgeführt wurde, weckt in mancher Hinsicht Erinnerungen an das "Novitätenkonzert" vom Vorjahr. Wiederum wurde komponierenden Kapellmeistern des Neuen deutschen Theaters Gelegenheit zur Aufführung ihrer Werke gegeben, und wiederum gestaltete sich das gewagte Unternehmen zu einem unerwarteten Erfolg: "Obgleich nicht weniger als vier Premieren jüngster Provenienz auf dem Programm standen, [...] ist in jeder Beziehung das Gegenteil des von allen Kennern vorausberechneten Fiaskos eingetreten."[100]
Dennoch hob sich die Programmgestaltung dieses "Kammermusikalischen Novitätenabends" vom 28. März 1926 deutlich vom Kompromißdenken des vorjährigen Philharmonischen Konzerts ab. Kein "Zuckerl" sollte diesmal die "moderne Kost heimischer Zubereitung"[101] versüßen. Vielmehr wurde den neuen Kompositionen der drei jungen Prager Musiker ein Werk der avanciertesten Neuen Musik zur Seite gestellt, das Bläser-Quintett op. 26 von Arnold Schönberg. Das erste vollständig zwölftönig durchkomponierte größere Werk Schönbergs, zum 50. Geburtstag des Meisters von Bläsern der Wiener Philharmoniker uraufgeführt, fand allerdings wenig Zustimmung bei der Kritik. Oskar Baum, der neuen Entwicklungen sonst stets aufgeschlossen gegenüberstand, kleidete seine Reflexionen über das "stachligste aller bisherigen Schönbergwerke" in die folgende Frage: "Wird die Kunstentwicklung um diesen grandiosen Turm der Gedanklichkeit herumgehen und ihn als Kuriosum, als Monument eines edlen Irrtums an ihrem Wege stehen lassen oder von ihm in Zukunft mitbestimmt werden?"[102] Dagegen ereiferte sich der konservative Ernst Rychnowsky: "Aber Musik sind die Kakophonien, diese hingesetzten Tonkleckse nicht mehr."[103]
Außer Ullmann hatten zwei als Komponisten noch kaum in Erscheinung getretene Kapellmeisterkollegen neben dieser "in einer Sackgasse rettungslos verirrter Musik"[104] zu bestehen. Ewald Gebert, der vor seinem Engagement am Neuen deutschen Theater Schüler von Heinz Tiessen in Berlin gewesen war, führte "Drei Lieder für Sopran und Streichquintett" auf. Sie wurden als "schön, warm empfunden und sorgfältig gearbeitet"[105] herausgestellt, "obgleich die Konvention

---

100 Oskar Baum, in: Prager Presse, 1. 5. 1926.
101 Vgl. Anm. 56.
102 Wie Anm. 100.
103 E. Rychnowsky, in: Prager Tagblatt, 30. 4. 1926.
104 ibd.
105 F. Adler, in: Bohemia, 30. 4. 1926.

des dernier cri in den Grenzsprüngen der Stimmbehandlung, der Hervorhebung der Ganztonleiter an süßesten Stellen in diesen Jugendarbeiten noch zu sehr die Absicht merken läßt"[106]. Von Georg Singer, einem noch nicht zwanzigjährigen Absolventen der Prager Deutschen Musikakademie[107], konnte man drei Klavierstücke (Präludium, Variationen und Humoreske) hören. Im Urteil der Kritiker erschienen sie als "sich an gute Vorbilder haltende, der persönlichen Physiognomie noch entbehrende Talentprobe"[108]. Im Einzelnen überzeugten "die unbefangene Frische des Impulses" und die von reicher Phantasie zeugende "vielgestaltige, immer interessierende Ausnützung des einzigen Motivs im Präludium"[109].

Gegenüber den beiden Debütanten und auch gegenüber seinem Lehrmeister Arnold Schönberg verfügte Viktor Ullmann in den Augen der Rezensenten über eine wesentlich bessere Ausgangsposition in diesem Konzert. Ins Gewicht fiel jedenfalls, daß man ihm "schon einigemal im Konzertsaal begegnet"[110] war; in besonders guter Erinnerung geblieben war die Aufführung der "Symphonischen Phantasie", die sich "als die Arbeit eines ernsten Musikers mit weitgestecktem Ziel und gut fundiertem Können erwiesen hat"[111]. Weiterhin hatte Ullmann bereits mit seinen früheren Werken den Beweis angetreten, daß er keineswegs zu den dogmatischen Verfechtern Schönbergscher Kompositionsprinzipien gehörte, daß er vielmehr an der Entfaltung einer eigenen, unverwechselbaren Stilistik arbeitete. Zwar glaubte ein Kritiker, wenigstens im ersten Satz des neuen Oktetts noch Spuren Schönbergscher Einflüsse wahrnehmen zu können, doch bemerkenswerter schien ihm der Hinweis auf ein anderes Vorbild: auf Igor Strawinsky, "von dem der Ullmann des ersten Satzes gelernt hat, wie er sich räuspert und wie er spuckt"[112]. Diese offenbar ungestümen, ja ungeschliffenen Stellen verblaßten aber ebenso wie gewisse "Entladungen, die rein äußerlich wirken"[113], vor der Gesamtwirkung des Oktetts.

---

106 Wie Anm. 100.
107 Singer wurde am 4. 8. 1906 geboren (laut Riemann Musik-Lexikon am 6. 8. 1908!). Nach dem Studium an der Deutschen Musikakademie in Prag (Ansorge, Finke, Zemlinsky) wurde er für zwei Spielzeiten Korrepetitor und Kapellmeister am Neuen deutschen Theater. 1939 emigrierte er nach Israel, wo er sich als Dirigent der führenden Orchester einen Namen machte. Nach dem Krieg kehrte er zu Gastspielen nach Deutschland zurück. Er starb 1980 in Israel.
108 Wie Anm. 105.
109 Wie Anm. 100.
110 Wie Anm. 103.
111 Wie Anm. 105.
112 Wie Anm. 103.
113 ibd.

Anders als Strawinsky, auf dessen 1923 entstandenes Bläser-Oktett hier zweifellos angespielt wurde, wählte Ullmann eine gemischte Besetzung aus Oboe, Klarinette, Fagott, Horn, Violine, Viola, Violoncello und Klavier. Voller Lob sprechen die Rezensenten vom geschickten Umgang des Komponisten mit diesem Klangkörper und von dem Gespür für die technischen und klanglichen Möglichkeiten jedes einzelnen Instruments: "Im Gegensatz zu den meisten der heute Schreibenden ist die Behandlung der Instrumente zumeist wirklich aus ihrer technischen Eigenart geholt, wodurch der Klang so viel gesunde Natürlichkeit wiedererhält."[114]

Darüber hinaus fesselten das konzertierende und dialogisierende Musizieren, die ständig wechselnden Gruppierungen und der zuweilen orchestrale Fülle erreichende Klang des Ensembles. Nicht minder gelungen erschienen Ullmanns thematisch-motivische Erfindung und deren phantasievolle Verarbeitung sowie die formale Gestaltung des viersätzigen Werkes: "Die Wucht der melodischen Unisoni verliert die übliche Kurzatmigkeit und der aparte orchesterhafte Wechsel der Klangfarben in den Kombinationen der Begleitfiguren, die immer phantasiereich individualisiert sind und die thematische Logik, die durchaus das klassische Schema beibehält, erfreuen Gefühl und Intellekt zumindest zu gleichen Teilen."[115]

Indem sie den souveränen Umgang mit den klanglichen Möglichkeiten eines Instrumentalensembles wiederholt akzentuierten, hoben die Rezensenten auf eine Komponente des frühen Ullmannschen Schaffens ab, die sich wohl im Oktett bereits zu einer Konstante stabilisiert hatte. Diese Entwicklungslinie läßt sich über die "lebhafte Phantasie in der instrumentalen Farbenmischung"[116] der "Symphonischen Phantasie" und die "Menge origineller Orchestereinfälle"[117] in der "Kreidekreis"-Bühnenmusik bis zu der Bemerkung "und überdies klingt Ullmanns Orchester ausgezeichnet"[118] in der Besprechung der "Sieben Lieder" (Bearbeitung für Sopran und Kammerorchester) zurückverfolgen. Ullmanns besondere Sensibilität in der Gestaltung instrumentaler Klangfarbenwerte, sei es in kammermusikalischer oder orchestraler Besetzung, sollte vom Erscheinen dieses Oktetts an zu einem Leitmotiv in den Rezensionen künftiger Werke werden.

Die künstlerische Eigenart seines musikalischen Schaffens trat zudem noch in zwei weiteren, von der Kritik aufmerksam registrierten Merkmalen hervor. Zum ersten Mal wählte Ullmann für den langsamen Satz seines viersätzigen Oktetts die Variationsform, ein Gestaltungs- und Entwicklungsprinzip, das ihn bis zu

---

114 Wie Anm. 100.
115 ibd.
116 Vgl. Anm. 57.
117 Vgl. Anm. 42.
118 Vgl. Anm. 33.

seinen letzten Theresienstädter Werken nicht mehr loslassen sollte[119]. Im frühen op. 3 zeigten sich "Einfallsreichtum und Gestaltungswille" besonders im "langsamen Teil, der ein Thema mit Variationen bringt"[120].
Zum zweiten fiel auf, daß Ullmann "ein starkes Musiziertemperament"[121] sei. Mit unverhohlener Überraschung verwiesen die Kritiker auf diese Eigenschaft, die so gar nicht zum damaligen Klischee der intellektualistisch-konstruktivistischen atonalen Musik Schönbergscher Provenienz passen wollte. Zumal im Kontrast zum Quintett seines Meisters wurde das Oktett des "Temperamentmusikers"[122] Ullmann als das Werk hingestellt, das insbesondere wegen seiner Musizierfreudigkeit "den größten Erfolg des Abends [...] errang und verdiente"[123].

Musikantische Vitalität, sensible und kunstfertige Instrumentation sowie die vor allem im Variationensatz erkennbare Formbeherrschung erschienen somit als die herausragenden Qualitäten des Oktetts, dessen weitere charakteristische Züge zusammenfassend wie folgt beschrieben wurden: "Victor [!] Ullmanns, des Schönberg-Schülers, Oktett [...] erwies sich als achtunggebietende Arbeit, immer originell und abwechslungsreich in thematischer, harmonischer und rhythmischer Hinsicht in ihren vier Sätzen, voll Farbe im Instrumentalklang und von auffallender formaler Geschlossenheit."[124]

In dieser Veranstaltung stellte sich Hans Wilhelm Steinberg, der zu Beginn der Spielzeit 1925/26 ans Neue deutsche Theater verpflichtet worden war und nach Zemlinskys Weggang (1927) für zwei Jahre die Leitung des Hauses übernehmen sollte, dem Prager Publikum als Konzertdirigent vor. Ihm und den "Vertretern der ersten Pulte des Theaterorchesters" zollten die Kritiker hohes Lob: "Den Bläsern und Streichern, [...] die hier an besonderen Schwierigkeiten ihre Qualitäten erweisen konnten, vor allem aber der Hingabe und intuitiven Einfühlungskraft des Kapellmeisters Steinberg, der sich sein Debut als Orchesterdirigent wahrlich nicht leicht gemacht hat, gebührt die höchste Anerkennung."[125]
Steinberg hatte nicht nur an Zemlinskys vorjährige Programmgestaltung angeknüpft, sondern er versuchte bei dieser Gelegenheit auch, eine Errungenschaft aus der Veranstaltungspraxis des im Prager Literarisch-künstlerischen Verein aufgegangen "Vereins für musikalische Privataufführungen" zu neuem

---

119 Vgl. z.B. den fünften Satz der 7. Klaviersonate, die Ullmann 1944 im KZ Theresienstadt komponiert hat.
120 Wie Anm. 105.
121 ibd.
122 Th. Veidl, vgl. Anm. 45.
123 Wie Anm. 100.
124 E. Janetschek, in: Zeitschrift für Musik 93.1926, S. 580 f.
125 Wie Anm. 100.

Leben zu erwecken. Der abschließende Textausschnitt mag einen Eindruck vom Erfolg dieses Versuchs vermitteln: "Von der beabsichtigten vollständigen Wiederholung des Schönbergschen Quintetts am Schlusse des Konzerts wurde Abstand genommen, da sich nur wenige Reflektanten [...] aufnahmswillig fanden. Für diese wurden die zwei letzten Sätze des Werkes nochmals gespielt. Ob mit wirklichem Profit für das Verständnis, bleibe dahingestellt."[126]

---

[126] Wie Anm. 105.

Die "Schönberg-Variationen" (1926-1931)

Ebenso wie alle übrigen Werke der zwanziger Jahre müssen die ersten beiden Versionen der sog. "Schönberg-Variationen" zu den verlorenen Kompositionen Ullmanns gerechnet werden. Die "Variationen und Doppelfuge über ein kleines Klavierstück von Schönberg" [op. 19, 4] waren 1925 entstanden und ein Jahr später zum ersten Mal öffentlich gespielt worden. Sie gehörten bald zu den auch über die Grenzen Prags und der Tschechoslowakei hinaus bekannt gewordenen Werken Ullmanns. Der verhältnismäßig hohe Bekanntheitsgrad, verbunden mit der Namensnennung im Titel, müssen als doppelte Begründung dafür herangezogen werden, daß Ullmann sowohl von zeitgenössischen als auch von späteren Kritikern und Forschern mißverständlich vereinfachend dem engeren Kreis der Schüler Arnold Schönbergs zugeordnet wurde.

Indes hatte der junge Prager Komponist seiner bisherigen Werkpalette mit dem Variationen-Zyklus lediglich eine neue Facette hinzugefügt und - wie die folgenden Rezensionen belegen werden - nicht einmal eine sonderlich radikale; denn sein Bekenntnis zu Schönberg galt nicht der noch kaum ins öffentliche Bewußtsein gedrungenen "Komposition mit zwölf nur aufeinander bezogenen Tönen", sondern der in der Wahl des Themas aus den Klavierstücken op. 19 (1911) eindeutig repräsentierten atonal-expressiven Periode seines Meisters (seit den George-Liedern von 1908).

Im Unterschied zur gedruckt erhaltenen letzten Version bestand die erste Fassung des Werkes aus dem einleitenden Thema, der abschließenden Fuge sowie lediglich fünf Variationen. Sie fand in den Feuilletons der großen deutschsprachigen Prager Tageszeitungen eine durchaus unterschiedliche Beurteilung.

Die Besprechung des "Bohemia"-Rezensenten Felix Adler lenkte die Aufmerksamkeit zunächst nicht auf das wiederum ausschließlich aus zeitgenössischen Werken bestehende Programm. Denn offensichtlich waren die vielfältigen Bemühungen um die Etablierung der Moderne im großstädtischen Musikleben, denen auch Ullmann die Publizität seiner Kompositionen seit den "Sieben Liedern" verdankte, nicht ohne Wirkung auf die Hörerschaft geblieben. Wenn auch nicht jede Eskapade vorbehaltlos hingenommen wurde, so konnten junge Komponisten jeder Couleur zu dieser Zeit doch zumindest mit einer wohlwollend-toleranten Einstellung der Konzertbesucher rechnen. Deshalb verwundert es auch kaum, daß der Kritiker den Zuhörern zum Abschluß attestierte: "Ein geduldiges Publikum applaudierte zu allem."[127]

---

127 F. Adler, in: Bohemia, 18. 5. 1926.

Sein wirkliches Problem sprach Adler dagegen gleich eingangs der Rezension an. Streng ging er mit dem Literarisch-künstlerischen Verein ins Gericht, denn dessen Programmgestalter hatten für den Abend eine Gruppe von sechs Prager Komponisten "mobilisiert" und damit unverkennbar eine Parallele zur Pariser Gruppe der "Six" schaffen wollen. Diesen Vergleich nun empfand Adler angesichts des teilweise recht bescheidenen künstlerischen Niveaus als geradezu anmaßend. "Sie schreiben zwar keine Opern und Symphonien, sondern sie begnügen sich mit Liedern und Klavierstücken."[128] Selbst den Begriff "Uraufführung" mochte er ersten Präsentationen dieser Qualität nicht ohne weiteres zugestehen.[129]

Auch Ullmanns "Schönberg-Variationen" gerieten in den Sog der bei Adler in dieser Schärfe allerdings nur selten anzutreffenden Polemik: "Viktor Ullmann variiert ein Thema von Schönberg, solange Notenpapier vorhanden ist, und er hat noch Vorrat für eine weitausholende Doppelfuge."[130] Als Vorbild für die formale Konzeption des Zyklus mit abschließender Fuge machte der Rezensent Max Reger aus; positiv bewertete er allein die "Selbstkritik des Komponisten", durch die er "eine Verflachung, die so leicht fließender Produktion zur Gefahr werden könnte"[131], gebannt sah.

Von den übrigen Werken dieses Konzerts wurden nur Hans Krásas "Lieder mit Klavier" einer anerkennenden Erwähnung für würdig befunden: "Ein Komponist, der eigenes zu sagen hat, ist der mimosenhaft nervöse Hans Krása, dessen Gesänge Geschmack, Anmut und Formgefühl bekunden."[132] Ähnlich kurz angebunden heißt es über Max Brod, von ihm wisse man, daß er "ein heimliches, mehr literarisches Verhältnis [zur] Musik" habe. "Drei Lieder mehr konservativen Gepräges gaben davon Zeugnis."[133] Emil Axmanns Klavierminiaturen "Mähren singt" und ihr folkloristischer "Reflex" wurden nur flüchtig gestreift, während ein Liederzyklus des "gewiß begabten" Erich Wachtel den Unmut des Rezensenten auf sich zog: "Auf die Spitze getriebener Expressionismus, der heute schon überwunden ist. Auf diesem Wege geht es nicht weiter."[134]

---

128 ibd.
129 Adler stellte in diesem Zusammenhang eindeutig Qualität und ästhetischen Anspruch über schiere Quantität; zudem behauptete er: "Nie hat es so viele Prager Komponisten gegeben wie jetzt." Er stimmte darin mit E. Steinhard überein, der schon zwei Jahre zuvor berichtet hatte: "Es wimmelt von Komponisten. Die junge 'Deutsche Akademie für Musik' hat eine Meisterschule für Komposition unter Alexander Zemlinsky und eine Kompositionsschule, der F. Finke vorsteht. Das Tschechische Staatskonservatorium hält vier Meisterschulen für Komposition. Wo soll das hinführen?" E. Steinhard, Prager Musik der Gegenwart. In: Melos 4.1924, S. 39.
130 Wie Anm. 127.
131 ibd.
132 ibd.
133 ibd.
134 ibd.

Den eigentlichen Grund für seine aufgebrachte Gereiztheit erreichte Adler aber erst bei der "Partita für Klavier" von Erwin Schulhoff. Deren "Aneinanderreihung diverser Fox-, Jazz-, Tango-, Rag- und Shimmy-Rhythmen" verurteilte er mit aller Schärfe als "Unfug eines Komponierens, das Barkitsch und Bierulk als ernste Kunst aufschwatzen will"[135]. Jeder Klavierhumorist könne solche Improvisationen zum Besten geben, hüte sich aber wohlweislich, sie aufzuschreiben. "Das soll neue Musik sein?"[136]
Bei der Gelegenheit wurden gleich noch Schulhoffs zuweilen provozierende Ausflüge ins journalistische Metier angeprangert. Entschiedene Verwahrung sei einzulegen "gegen die Dreistigkeit eines sich auf legitimes Musikantentum berufenden -ff-Journalistenschmuses [-ff: Signet für Schulhoff], der es wagt, eine Künstlerschaft, die der seinigen turmhoch überlegen ist, in einer das Maß zulässiger Kritik unerlaubt überschreitenden Weise ohne Beleg und Begründung anzupöbeln und zu verdächtigen."[137]

Hatte Adler hier offensichtlich eine persönliche Rechnung zu begleichen, so war die Kritik Ernst Rychnowskys im "Prager Tagblatt" von durchgängiger Sachlichkeit gekennzeichnet. Er erinnerte bei der Besprechung der "Schönberg-Variationen" zunächst an Ullmanns vor wenigen Tagen mit dem "Oktett" errungenen Erfolg. Seine Rezension ist zudem die einzige Quelle für die nach einer früheren Werkzählung vorgenommene Einordnung der Variationen als op. 11[138]. Vorsichtig kritisierte er sodann, es sei "wirklich nicht leicht, in den Gebilden, die Ullmann Variationen nennt, das Thema aufzuspüren"[139]. [Hier ließe sich aus der Kenntnis der erhaltenen op. 3a-Version erklärend einwenden, daß Ullmann seine thematischen Metamorphosen durchweg auf der Grundlage der kontrapunktischen "Modi" entwickelte. Selbst versierte Hörer hätten demnach wohl Schwierigkeiten gehabt, beim ersten Hören beispielsweise den gleichzeitigen Ablauf der Spiegelform des Themas und seines Krebses (1. Var.) als Variationsgedanken zu erken-

---

135 ibd.
136 ibd.
137 ibd. Wen Schulhoff "angepöbelt" und "verdächtigt" und wo er seine Kritik veröffentlicht hat, konnte ich nicht feststellen.
138 Neben op. 11 werden als Reste jener alten Zählung nur noch op. 10 ("Oktett", später op. 3) und op. 3 ("Abendlied" nach Claudius, später nicht mehr im Werkverzeichnis) gelegentlich in den bibliographischen Quellen erwähnt. Im Riemann Musik-Lexikon (11/1929) findet sich eine durchgängige, von der vorgenannten abweichende Zählung von op. 1 (Drei Männerchöre a capella, 1919) bis op. 11 (Konzert für Orchester, 1928).
139 E. Rychnowsky, in: Prager Tagblatt, 18. 5. 1926.

nen. Vollkommen zu Recht wurden die "Schönberg-Variationen" später als Ullmanns "Magnum Opus der Satzkunst" bezeichnet.[140]
Als weiteren Kritikpunkt benennt Rychnowsky den Eindruck einer gewissen Kurzatmigkeit, "denn mehrere Variationen beginnen, noch ehe die Doppelfuge das ganze Werk krönt, in figuriertem Stil, um aber bald im Sande zu verlaufen"[141]. Diesen Einwand hat der Komponist offensichtlich sehr ernst genommen und in der revidierten Fassung berücksichtigt: von den später neun Variationen beginnt nurmehr eine (Nr. 5) im "figurierten Stil", d.h. mit einer Imitation des Themas.
Bleibt schließlich noch das Erstaunen des Rezensenten über "Ullmanns Phantasie in der Ausschrotung der klavieristischen Möglichkeiten des Satzes"[142]. Augenscheinlich knüpfte Rychnowsky mit dieser Bemerkung an eine Beobachtung an, die bereits in den Besprechungen der Oktett-Aufführung artikuliert worden war. Hier wie dort war ein spielerisch-musikantisches Element in Ullmanns Kompositionen aufgefallen, ein feinfühliges Ausloten der klanglichen und technischen Möglichkeiten des einzelnen Instruments bzw. des Ensembles und deren Umsetzung in anspruchsvolle Interpretationsaufgaben. Spielerische Auflockerung war dabei als vorteilhafter Ausgleich der allenthalben waltenden konstruktiven Strenge empfunden worden.
Auch wenn ihre technischen Schwierigkeiten bisweilen "dem Gesetz der Bewältigung zu widerstreben" schienen[143], wurden Ullmanns Werke von den Interpreten doch gern als Prüfsteine ihrer Virtuosität und ihrer Gestaltungsfähigkeit angenommen. In diesem Konzert widerlegte der Pianist Franz Langer in brillanter Manier die Befürchtung, man würde die "Schönberg-Variationen" wegen Unspielbarkeit beiseite legen müssen. Er hatte sich "im Schweiße seines Angesichts zum Dolmetsch"[144] der "Prager Sechs" gemacht und sich vor allem mit der Interpretation des Variationen-Zyklus den Beifall des Publikums und die "uneingeschränkte Anerkennung" des Rezensenten erspielt: "Die technische und geistige Arbeit, die er vollbracht hat, insbesondere in dem mit ruppigen Schwierigkeiten vollgestopften Variationenwerk Ullmanns, haben mit Recht allgemeine Bewunderung hervorgerufen."[145]

Drei Jahre nach dem Konzert des Literarisch-künstlerischen Vereins und einen Monat vor dem Beginn des Genfer Festivals der Internationalen Gesellschaft für

---

140 B. Schröder-Nauenburg, in: Booklet zur CD Viktor Ullmann, Klavierkonzert - Variationen - Sinfonie. Bayer Rec. 100 228.
141 Wie Anm. 139.
142 ibd.
143 ibd.
144 Wie Anm. 127.
145 Wie Anm. 139.

neue Musik (IGNM) stellte sich Ullmann mit den Klavier-Variationen erneut der Kritik. Diese Aufführung fand im Rahmen eines Kammermusikabends statt, der von Erich Steinhard, dem Herausgeber des "Auftakt" organisiert worden war[146]. Ullmanns Werk stand im Programm neben dem Liederzyklus "Der zerstörte Tasso" für Sopran und Streichquartett von Fidelio Finke und der zweiten Klaviersonate von Ernst Krenek. Alle drei Werke wurden als Uraufführungen angekündigt, ein deutlicher Hinweis darauf, daß Ullmann die "Variationen" zumindest überarbeitet, wenn nicht gar einer gründlichen Revision unterzogen hatte. Da auch diese (zweite) Version nicht erhalten geblieben ist, lassen sich nur wenige konkrete Feststellungen über die Variationenfolge, die satztechnische Gestaltung und die Ausdruckshaltung der Komposition treffen; mehr dazu im späteren Abschnitt über das Genfer IGNM-Fest.

Das fünfte Auftaktkonzert stand mit seinem Programm in extremem Gegensatz zum vorangegangenen Abend. Hatte Steinhard wenige Wochen zuvor "historische Kompositionen aus Böhmen"[147] erklingen lassen, so beinhaltete die "heurige" Veranstaltung "Uraufführungen von Werken modernster Haltung, in ein Programm gedrängt, das die Horizontweite heutiger Musik [...] betonte"[148]. In beiden diesbezüglichen Rezensionen wird ausdrücklich darauf hingewiesen, daß Ullmanns Opus "zur Aufführung auf dem heurigen Genfer Musikfest ausersehen"[149] sei, und daß seine Qualität diese "Wahl [...] berechtigt erscheinen läßt"[150]. Die Voraufführung im Auftaktkonzert sollte demnach eine Art Feuerprobe darstellen für die in Genf bevorstehende Bewährung vor großem Publikum und internationaler Kritik.

Mit dem heimischen Erfolg konnten Komponist wie Interpret durchaus zufrieden sein. Ullmann wurde bestätigt, daß seine Variationen das "hohe Können dieses form- und phantasiebegabten Komponisten"[151] erneut bekräftigten. Erstmals erwähnte ein Kritiker auch Einzelheiten der kompositorischen Verarbeitung: "Das Werk, mit absolut schönbergischer Strenge und mit allen Attributen der Umkehrung, des Krebses und der Doppelfuge ausgestattet, ist von nicht gewöhnlicher stilistischer Sicherheit."[152] Einigkeit herrschte ebenfalls über die Leistung des "famosen Interpreten" Franz Langer, der bereits die erste Version

---

146   Die "Auftaktkonzerte" wurden vor geladenen Gästen und des öfteren "in Steinhards Künstlerheim" durchgeführt. Sie verstanden sich - von Kontrastprogrammen abgesehen - als Podium für zeitgenössische deutsche und tschechische Komponisten. Vgl. O. Baum, Musikzuflucht Prag. In: Neue Musikzeitung 49.1928, S. 169 f.
147   V.P. (?), in: Der Auftakt 9.1929, S. 88 f.
148   H.H. Stuckenschmidt, in: Bohemia, 9. 3. 1929.
149   Wie Anm. 147.
150   Wie Anm. 148.
151   Wie Anm. 147.
152   Wie Anm. 148.

uraufgeführt und hier wiederum "seine Persönlichkeit und sein glänzendes Virtuosentum" eingesetzt hatte[153].

Mit der Nominierung für Genf gelang Ullmann - man ist geneigt zu sagen "endlich" - der Schritt aus dem Bannkreis seiner heimatlichen Metropole in die große Welt des internationalen Musiklebens. 1924, beim Prager IGNM-Fest, mußte er sich noch mit einem Platz im Rahmenprogramm für seine "Sieben Lieder" begnügen; nun erklangen seine "Schönberg-Variationen" im ersten Konzert des vom 6. - 10. April 1929 andauernden Festivals am Lac Léman. Die Entscheidung für den Variationen-Zyklus war in der Jury der deutschen IGNM-Sektion der Tschechoslowakei[154] gefallen, die mit Hermann von Schmeidel, Hans Wilhelm Steinberg und Erich Steinhard besetzt war[155]. Verhaltener Stolz über Teilnahme und Erfolg klingt noch in jenem Brief nach, mit dem Ullmann sich 1935 Albert Steffen als Komponist des "Sturz des Antichrist" vorstellte: "Der sogenannte große Erfolg kam 1929 auf dem internationalen Musikfest in Genf, hier machte die Weltpresse auf mich aufmerksam."[156]
Die folgenden Zitate mögen belegen, auf welch breiter Basis Ullmanns Werk Anerkennung fand.
"Verheißung und Höhepunkt des ersten Konzertes waren die 'Fünf Variationen und Doppelfuge über ein kleines Klavierstück von Schönberg' von Victor [!] Ullmann. Der Schüler Schönbergs will zeigen, daß selbst ein musikalischer Aphorismus entwickelt werden kann. [...] Trotz der geschlossenen, klar gebauten Variationenfolge, von denen zwei Gavotte- und Menuettcharakter aufweisen, wird atonale Musik übersprudelndes Leben."[157]
"Man horchte aber auf, als aus der Feinhörigkeit solcher Stilhaltung heraus plötzlich lebendige, konstruktive Straffung und Kraft erwuchs, wie in dem

---

153 Wie Anm. 147.
154 Während der 1. Republik war die IGNM-Organisation in der ČSR in eine tschechoslowakische und eine deutsche Sektion geteilt, denen das jeweilige Vorschlagsrecht für die jährlichen IGNM-Festivals zustand.
155 Vgl. den Aufruf zur Einsendung der Bewerbungen, in: Bohemia, 28. 10. 1928, S. 8. Hermann von Schmeidel behauptete als Leiter mehrerer großer Chöre (u.a. Deutscher Männergesangverein Prag) eine bedeutende Stellung in der Prager Musikszene; außerdem leitete er die Orchesterschule sowie die Chor- und Dirigier-Klasse der Deutschen Musikakademie. - Hans Wilhelm Steinberg war seit Zemlinskys Wechsel nach Berlin musikalischer Leiter des Neuen deutschen Theaters. - Erich Steinhard, Chefredakteur des "Auftakt", war ebenfalls Professor an der Deutschen Musikakademie (Musikgeschichte) und berichtete für mehrere überregionale deutsche Musikzeitschriften (u.a. "Die Musik") über das musikalische Geschehen in Prag.
156 Brief Ullmanns an Albert Steffen vom 16. 9. 1935. Albert Steffen-Stiftung, Dornach.
157 W. Tappolet, in: Neue Zürcher Zeitung, 12. 4. 1929.

synthetisch kühnen Werk des deutschböhmischen Komponisten Viktor Ullmann."[158]

"Im Kammerstil, für Klavier schreibend, ist Victor [!] Ullmann am eindringlichsten. Er bekennt sich zu Schönberg; selbst in dem Thema, das er wählt und das ein kleines Klavierstück des Meisters ist. Aber, man möchte es nach allen Erfahrungen kaum glauben: durch die Gebundenheit des Stils der fünf Variationen und Doppelfuge Victor Ullmanns geht lebenspendend der Einfall."[159]

"Aus der Schule Schönbergs kam eines der besten Werke des Programms, die Variationen über ein Thema von Schönberg, die der junge Viktor Ullmann aneinandergereiht und prachtvoll gesteigert hat."[160]

Weitere Anmerkungen erlauben es, den bisher gewonnenen Eindruck von der zweiten Version der "Schönberg-Variationen" um wichtige Details zu erweitern.
Für die Neufassung fehlt beispielsweise die Opuszahl (für die erste Version - op. 11), ein Hinweis darauf, daß Ullmann seine alte Werkzählung aufgegeben, eine neue aber noch nicht aufgestellt hatte. Die Benennung "op. 3a" sollte deshalb allein der als Druck aus dem Selbstverlag Ullmanns erhaltenen dritten Version (mit neun Variationen) vorbehalten bleiben. Gestützt wird diese Argumentation durch die Tatsache, daß die fünfteilige Variationenfolge von mehreren Rezensenten des Genfer Festivals festgeschrieben wurde[161].
In der "Genfer" Fassung kamen wohl auch die 1926 monierten Abschnitte mit "figuriertem" Anfang nicht mehr vor; möglicherweise neu aufgenommen hat Ullmann dagegen die stilisierten Tanzsätze Menuett und Gavotte. Hinter dieser Änderung kann man eine weitere, allerdings versteckte Reverenz gegenüber Meister Schönberg vermuten, der ja bereits in seiner Klaviersuite op. 25 ausgiebig alte Tanzformen verwendet hatte.
Interesse verdient auch der Hinweis, Ullmann wolle zeigen, daß sogar ein musikalischer Aphorismus entwickelt werden könne[162]. Der Rezensent äußerte sich überrascht darüber, daß das Ergebnis nicht in einem Rechenexempel bestehe, sondern daß als Resultat eine "gedrängte, plastische Musik, die eine starke erfinderische Kraft verrät", herauskomme[163].
Besonders vorteilhaft schnitt Ullmanns Zyklus im Vergleich mit einem Streichquartett des Alban Berg-Schülers Julius Schloß ab. Was der Kritiker in den "zartgesponnene[n] Zwölftonvariationen, in sich verloren in konstruktiver Zerfaserung, ohne die fesselnden Hintergründe seiner Vorbilder" von Schloß

---

158 E. Doflein, in: Melos 9.1929, S. 263.
159 A. Weißmann, in: Die Musik 21.1929 (Juni), S. 666 f.
160 P. Stefan, in: Der Anbruch 11.1929. S. 214.
161 Vgl. Tappolet (Anm. 157); Weißmann (Anm. 159).
162 Erwähnt bei Tappolet (Anm. 157).
163 ibd.

vermißte, fand er als "lebendige, konstruktive Straffung und Kraft [...] in dem synthetisch kühnen Werk des deutschböhmischen Komponisten Viktor Ullmann"[164].
Aus ähnlichen Kontrastierungen erklären sich die beiden Bemerkungen, durch die Gebundenheit des Stils gehe lebensspendend der Einfall[165], sowie Ullmanns Linearität sei mit starkem Leben durchpulst[166]. Erinnert sei in diesem Zusammenhang an die Ausführungen zu Ullmanns "Musiziertemperament" anläßlich der Aufführungen des "Oktetts" und der ersten Version der "Schönberg-Variationen".
Erich Steinhard, der das Schicksal des Zyklus über mehrere Jahre aus der Nähe verfolgen konnte, lieferte in seinem Festival-Bericht schließlich noch zwei interessante Beobachtungen. Zunächst verwies er auf die "Transparenz der Fuge, in deren Verlauf das ganze Schönbergsche Klavierstück wiederkehrt"[167], und damit auf ein analytisches Detail, das bis heute weitgehend unbemerkt geblieben ist. Sodann annotierte er "die Oekonomie und doch unbewußt auf Klangwirkung gestellte Form des Aufbaus"[168]. Versucht man einmal davon abzusehen, daß diese Formulierung lediglich auf den Klaviersatz bezogen war, so mutet sie wie eine Vorahnung der Möglichkeiten an, die Ullmann selbst vier Jahre später in der Orchesterbearbeitung seines Variationenwerks realisieren sollte.

Maßgeblich am Erfolg der "Variationen und Doppelfuge" beteiligt war, wie schon in den vorhergehenden Prager Aufführungen, der Pianist Franz Langer. Seine Leistung wird im unisono als "schwungvoll, farbig und großartig" oder auch als "glänzend und erstaunlich einprägsam" gepriesen. Erich Steinhard faßte seinen Eindruck von Langers Kunst wie folgt zusammen: "Allerdings, daß Formplastik und Klarheit, groteske Zwischenspiele und latente Steigerungen sichtbar wurden, dazu gehörte ein Klavierspieler vom Range Franz Langers, der durch diese Interpretation, die bei aller kristallenen Durchsichtigkeit stark geistig und temperamentvoll war, in die vorderste Reihe der heutigen Pianisten aufgerückt ist."[169]

Ergänzend soll noch kurz über drei weitere Aufführungen des Variationenzyklus referiert werden.
Das Werk erklang am 27. Januar 1930 in Berlin in einem Konzert der dortigen IGNM-Ortsgruppe. In seiner Kritik stellte Hans Heinz Stuckenschmidt das Werk

---

164 Wie Anm. 158.
165 Wie Anm. 159.
166 E. Steinhard, in: Der Auftakt 9.1929, S. 112.
167 ibd.
168 ibd.
169 ibd.

Ullmanns einem kleinen Klavierzyklus des tschechischen Komponisten Miroslav Ponc gegenüber. Ponc kopiere lediglich den Stil des mittleren Schönberg, ohne dessen Grenzen zu überschreiten. "Daß die Entwicklungsmöglichkeit besteht, wird in Ullmanns bedeutenden Variationen über ein Schönbergthema bewiesen."[170]
Auch in Frankfurt am Main sorgte die örtliche IGNM-Gruppe für eine Ullmann-Aufführung. Hier handelte es sich um ein Rundfunk-Konzert, in dem des weiteren Werke von Wladimir Vogel, Paul Hindemith und Claude Debussy erklangen. Nach dem einleitenden "Werk für ein und zwei Klaviere" von Vogel wurde die Übertragung - und damit auch die Ausstrahlung der "Schönberg-Variationen" - durch einen technischen Defekt erheblich beeinträchtigt. Der Rezensent vermerkte lapidar: "Die aufmerksame Verfolgung der nächsten Konzertnummern verdarb leider die Störung der Übertragungsanlage."[171] Über dies Konzert hat auch Theodor W. Adorno eine kurze, allerdings wenig verständnisvolle Kritik verfaßt.[172] (Vgl. S. 88.)
Die letzte bekannte Aufführung läßt sich wiederum für Prag dokumentieren. Auf einem Kompositionsabend in der "Urania" war Ullmann neben Ernst Toch und Fidelio Finke vertreten. Sein Klavier-Zyklus erschien als "eine der feinsten Schöpfungen der modernen Klavierliteratur, man muß sagen, daß er sich durch dieses logisch gebaute konzessionslose Stück einen ehrenvollen Platz in der Nähe Alban Bergs und Anton von Weberns gesichert hat."[173]

Mit dem letzten Prager Konzert vom Oktober 1931 bricht die Reihe der dokumentierbaren Aufführungen der "Variationen und Doppelfuge über ein kleines Klavierstück von Schönberg" ab. Ullmann selbst verzeichnet in der bereits mehrfach erwähnten Aufstellung seiner wichtigsten Werke[174] noch zwei weitere Aufführungen in Wien und Brünn, für die aber bisher kein Nachweis erbracht werden konnte.

Es sei nochmals betont, daß es sich bei allen vorgestellten Interpretationen um die erste (1926) bzw. zweite Version (1929) handelte, die jeweils fünf Variationen enthielten. Wahrscheinlich erst im Zuge der Bearbeitung für Orchester erweiterte Ullmann den Zyklus um vier Variationen. Unter den nunmehr neun Variationsabschnitten lassen sich - folgt man der Darstellung der Konzertberichte - drei

---

170 H.H. Stuckenschmidt, in: BZ am Mittag, 31. 1. 1930.
171 E.K.B. (?), in: Der Deutsche Rundfunk 8. 1930, S. 67.
172 Th. W. Adorno, in: Die Musik 22. 1930 (April), S. 536. Wieder abgedruckt in: Adorno, Gesammelte Schriften. Bd. 19. Musikalische Schriften VI. Frankfurt 1984. S. 174 f.
173 E. Steinhard, in: Der Auftakt 11.1931, S. 262. Das Konzert fand vermutlich im Oktober 1931 statt.
174 Brief Ullmanns an Karel Reiner, vgl. Anm. 3.

ausmachen, die wohl aus den früheren Versionen übernommen worden sind: Gavotte ("quasi Gavotte", jetzt Var. 4), Menuett ("Tempo di Menuetto", jetzt Var. 8) und eine der Variationen "mit figuriertem Anfang" (jetzt Var. 5).
Nimmt man des weiteren an, daß die revidierte und erweiterte Fassung - als Grundlage für die vorgesehene Instrumentation - zunächst in der Klaviernotation konzipiert wurde, so läßt sich ihre Entstehungszeit recht exakt eingrenzen.
Ullmann hat die Arbeit an diesem Doppelprojekt sicher nicht vor seiner Flucht aus Stuttgart aufgenommen. Für seine Ankunft in Prag kann ein Zeitpunkt im August 1933 vermutet werden[175]. Diesem Datum als theoretisch frühestem Beginn der Komposition steht der Termin gegenüber, vor dem die Partitur der Orchesterfassung spätestens fertiggestellt sein mußte, um im Wettbewerb um den Hertzka-Preis 1934 berücksichtigt zu werden[176]. Laut Ausschreibung mußten alle Bewerber ihre Beiträge anonym bis zum 15. Februar 1934 eingereicht haben. Zwischen August 1933 und Februar 1934 wäre demnach die Entstehungszeit sowohl des revidierten Klavier-Zyklus als auch der Orchesterbearbeitung anzusetzen.

Der dritten Version seiner "Schönberg-Variationen" gab Ullmann nach der um 1935 vorgenommenen Neuordnung des Werkverzeichnisses die Opuszahl 3a. Damit verband er wohl die Absicht, einerseits ihre besondere Stellung in der Werkreihe hervorzuheben[177], und andererseits zu dokumentieren, daß die Entstehungsgeschichte seines bekanntesten Werkes bis in die Mitte der zwanziger Jahre zurückreicht, wo die erste Version ihren chronologisch richtigen Platz zwischen dem "Oktett" (op.3) und dem "Konzert für Orchester" (op. 4) hat.

Zu Ullmanns Lebzeiten ist die auf neun Variationen erweiterte Fassung vermutlich nur einmal aufgeführt worden. Sie stand am 3. März 1940 auf dem Programm eines Privatkonzertes im Prager Domizil des ehemaligen Akademie-Professors Konrad Wallerstein. Die Vortragsfolge enthielt ausschließlich Werke von Ullmann[178]. Als Pianist trat der um 1934 aus Deutschland emigrierte Dr. Emil Latzko auf.

---

175 Am 14. 8. 1933 schrieb Ullmann aus Prag einen Brief an Alban Berg, s. Ingo Schultz, "...ich bin schon lange...", vgl. Anm. 51.
176 Der Hertzka-Preis wurde 1932, nach dem Tod des UE-Direktors Emil Hertzka, gestiftet und 1933 zum ersten Mal verliehen. Die Ausschreibung für den Wettbewerb 1934 wurde veröffentlicht in: Anbruch 15.1933, S. 163.
177 Op. 3 ist die einzige doppelt belegte Opuszahl in Ullmanns Werkverzeichnis. Bei der scheinbar versehentlichen Doppelbelegung des op. 49 (6. Klaviersonate, "Der Kaiser von Atlantis") müssen andere Zusammenhänge berücksichtigt werden.
178 Das Programm ist abgedruckt in: J. Karas, Music in Terezín. 1941-1945. New York 1985. S. 6.

Über 15 Jahre erstreckte sich die Aufführungsgeschichte der "Schönberg-Variationen", bis hin zu jenem Konzert im Hause Wallerstein, an dessen erzwungenem privaten Rahmen bereits die repressiven Strukturen der deutschen Verwaltung im "Protektorat Böhmen und Mähren" erkennbar wurden. Vom düsteren Ende dieser Entwicklung muß der Blick nun jedoch auf ihren Ausgangspunkt zurückgelenkt werden.

Im Jahre 1926, genauer gesagt kurz vor Abschluß der Konzertsaison 1925/26, konnte Viktor Ullmann mit zwei neuen Werken, dem Oktett und den "Schönberg-Variationen", seine Komponistenkarriere fortsetzen und seine Position im Prager Musikleben festigen. Bis zum Ende des Jahres tauchte sein Name allerdings nicht mehr in der Konzertchronik auf. Eine ähnliche "Vakanz" war bereits in den beiden vorangegangenen Jahren aufgetreten. Sie läßt sich aus den vielfältigen Verpflichtungen erklären, durch die der Opernkapellmeister Ullmann während der Vorbereitungen auf die neue Saison, die jeweils im September begann, und während der ersten Monate ihrer Laufzeit in Anspruch genommen wurde. Die Spielzeit 1926/27 war zudem die letzte seines Engagements am Neuen deutschen Theater, in die außer Zemlinskys Abschied von Prag auch die eigenen Bemühungen um eine neue Stellung fielen.

Obendrein hielt gegen Ende dieses Jahres ein bedeutendes Ereignis die Prager Musikszene in Atem: am 11. November 1926 wurde Alban Bergs "Wozzeck" im (tschechischen) Nationaltheater aufgeführt. Über die erste Inszenierung der Oper nach der Berliner Uraufführung (14. Dezember 1925) und den damit verbundenen Skandal schrieb Ullmann einen ausführlichen Bericht an seinen vormaligen Kapellmeisterkollegen Heinrich Jalowetz, dessen zentrale Passagen zum Abschluß dieses Kapitels zitiert seien.

"[...] Die Aufführung war eine Tat ersten Ranges (*Ostrčil*), die Sänger prachtvoll, größtenteils auch das Orchester. Alles so mühelos - man glaubt den 'Freischütz' zu hören. Die Premiere war ein kolossaler, wenn auch nicht unbestrittener Erfolg. Berg mußte sich schon nach dem ersten Akt zeigen, ein seltener Fall, der die Widersacher so überraschte, daß sie erst nach dem zweiten Akt zu sich kamen [...] Bei der dritten Aufführung kam es zu dem größten, wohl organisierten, von der cechischen Hetzpresse gegen den 'Berliner Juden' (?) provozierten Skandal, dessen Kunde vielleicht schon zu Ihnen gedrungen ist. In eine präzise ausgerechnete Luftpause vor dem letzten Bild des II. Aktes - Chor der schlafenden Soldaten - ertönte Pfeifen und Gelächter; das war das Signal zu einem stürmischen Protest-Applaus! Nun traten aber die schrillen Pfeiferln in Aktion und dagegen waren die Freunde des Werkes und das wohlgesinnte oder objektive Publikum machtlos! Die Hölle war entfesselt: Pfeifen, Schreien, Johlen, immer unterbrochen von Applaus und vereinzelten 'vybornie'-Rufen ['Bravo'], Reden wurden gehalten, der eiserne Vorhang fiel und Ostrčil blieb in wirklich heroischer Ruhe vielleicht zwanzig Minuten vor dem regungslosen Orchester stehen. Einmal versuchte er, fortzusetzen, der Vorhang ging auf; tosender Beifall, grelles Pfeifen waren die Folge. Endlich verließ Ostrčil das Pult, die Leute tobten weiter pro und contra, schließlich räumte Polizei das Theater (statt das halbe Dutzend von Lausbuben zu arretieren, welche die Instinkte der 'alten Abonnenten' geweckt hatten!). Nun ging es erst los: Proteste in den Zeitungen gegen die Skandalmacher auf der einen, Hetzartikel auf der anderen Seite, der Bürgemeister (Deutschenfresser) protestiert gegen die Aufführung; die Landesverwaltung verbietet sie heute, dementiert morgen. Berg und Ostrčil reagieren in der 'Prager Presse' u.s.f. Zur Ehre der cechischen Presse: Alle bessergesinnten Kritiker und Zeitungen standen auf Seite der Kunst. Die literarisch-musikalischen Vereine faßten ebenfalls Resolutionen, in denen ihre Empörung über den Skandal zum Ausdruck kam. Doch wurde das Werk bis jetzt nicht wiederholt [...] Dem Skandal wohnten Frau Mahler und leider auch Berg selbst bei, was mir sehr leid tut. Ich selbst saß oben am 'Jucheh' unter einer Lampe und las diesmal den Klavierauszug mit [...]."[179]

---

[179] Brief Ullmanns an Heinrich Jalowetz vom 22. 11. 1926. Sacher-Stiftung Basel, s. Ingo Schultz, "...ich bin schon lange...", vgl. Anm. 51.

Erstes Streichquartett, op. 2 (1927)

Wenige Monate vor Antritt seiner neuen Stellung als Opernchef in Aussig[180] ließ Ullmann sein erstes Streichquartett in Prag uraufführen. Damit brachte er sich ein Jahr nach der Premiere der "Schönberg-Variationen" (Mai 1926) bei Kritik und Publikum wieder in Erinnerung. Da er seit dem Variationen-Zyklus kein neues Werk vollendet hatte, mußte er für diesen Zweck auf eine bislang noch nicht veröffentlichte Komposition zurückgreifen. Das Streichquartett, später mit der Opuszahl 2 versehen, war bereits im Jahre 1923 entstanden, d.h. etwa gleichzeitig mit den "Sieben Liedern".

Organisatorisch betreut wurde die Veranstaltung, die als "Abend Prager Komponisten" angekündigt worden war, wiederum vom Literarisch-künstlerischen Verein. Das Programm mit Werken von vier z.T. bereits renommierten Komponisten enthielt ausschließlich Kammermusik für Streicher. Der verdienstvolle Einsatz für die Moderne, vom Verein seit seiner Verschmelzung mit dem "Verein für musikalische Privataufführungen" konsequent betrieben und mit diesem Konzert einmal mehr dokumentiert, fand die rückhaltlose Ankennung Max Brods, des Rezensenten am Prager Tagblatt: "Jedenfalls gebührt dem literarisch-künstlerischen Verein Dank, der zu einem unentbehrlichen Faktor des Prager Kunstlebens wird. Veranstaltungen, die kein Geschäft, aber für den künstlerischen Fortschritt wichtig sind, bilden sein Monopol."[181]

Zu Beginn des Konzerts war Hans Krásas Streichquartett von 1921[182] zu hören. Brod bezeichnete es als ein "Meisterwerk", mit dem Krása "gleichsam das Erbe der hohen Kunst Gustav Mahlers antritt"[183]. Ihm folgte ein "einigermaßen akademisches Divertimento" für Streichtrio aus der Feder des tschechoslowakischen Komponisten Karel Boleslav Jirák. Zumindest dessen Finale fand doch noch den Beifall des Rezensenten: "Hier ist aus intimer Kenntnis aller Satzmöglichkeiten ein Fresko von packender Farbenpracht geschaffen."[184]

Im zweiten Teil brachte das Konzert "zwei Uraufführungen aus dem Manuskript". Zunächst erklang die Solosonate für Violoncello von Fidelio Finke, deren vier Sätze trotz des "spröden Materials" meisterhaft gestaltet erschienen. Zusammenfassend urteilte Brod über das "Wagnis" eines Versuchs in einer seit der

---

180 In der Saison vom September 1927 bis zum Juli 1928 dirigerte Ullmann in Aussig sieben Opernpremieren mit zwei ("Tristan") bis sieben ("Johnny spielt auf") Reprisen sowie ein Sinfoniekonzert während der Maifestspiele.
181 M. Brod, in: Prager Tagblatt, 29. 5. 1927.
182 Das Quartett war bereits in Donaueschingen und Paris erfolgreich aufgeführt worden; 1924 kam es bei Eschig (Paris) im Druck heraus.
183 Wie Anm. 181.
184 ibd.

Barockzeit kaum mehr gepflegten Gattung: "Stand man anfangs dem Phänomen einer modernen Solosonate skeptisch und gleichsam mit sportlichem Interesse gegenüber, so wurde man schnell überzeugt, daß hier wirklich etwas Ganzes und Gutes geschaffen ist."[185]
Den Abschluß des Programms bildete Ullmanns Streichquartett, und "obwohl es auf Nerven traf, die durch die schwierigen Stücke dieses Abends einigermaßen erschöpft sein durften, war es ein voller Erfolg"[186]. Ullmann war dem Rezensenten des Prager Tagblatts von früheren Aufführungen her als "Temperamentmusiker" in bester Erinnerung. "Das war schon nach seiner Bühnenmusik zum 'Kreidekreis' offenbar, wurde durch das vorjährige Werk für Bläsersoli erfreulich bekräftigt."[187]
Über das Entstehungsdatum seines Werkes hatte sich der Komponist offensichtlich gegenüber allen Kritikern ausgeschwiegen. Das 1923 geschriebene Quartett wurde als "neue Entwicklungsstufe"[188] bzw. als "erster Höhepunkt seines Schaffens"[189] aufgefaßt und in Ullmanns kompositorischer Entwicklung zeitlich nach dem "Oktett" (komponiert 1924, aufgeführt 1926) eingeordnet. Übereinstimmung herrschte dagegen bei allen Referenten über die dreisätzige Anlage des Werkes, dessen charakteristische Momente Max Brod wie folgt beschrieb: "Der klare Bau des Anfangssatzes, in dem die Fugati und Unisoni einander ablösen, die lustige, südländisch ungebundene Straßenszene, die man im Scherzo vermutete, das Schlußrondo mit seiner glanzvollen Walzerfreude - all das geht leicht zu Herz und Sinn."[190] Ähnlich äußerte sich Theodor Veidl: "Das lustige, volkstümliches Empfinden verratende Scherzo und das zündende Finale mit seinen Walzerklängen sind Stücke von nie versagender Wirkung."[191]
In bemerkenswertem Kontrast schien die schwierige Faktur des Stückes zur quasi selbstverständlichen Leichtigkeit der Erfindung und zur Mühelosigkeit der Komposition zu stehen. "Zumindest ist dem Werk bei all seiner Komplikation kein Schweiß, nur reinste Lust anzumerken."[192] Auf Veidl machte Ullmanns Musik "bei aller Kunst des Tonsatzes [...] den Eindruck des mühelos Hingeworfenen, wie das eben nur einer starken, ursprünglichen Begabung möglich ist, die ganz aus dem Vollen schafft"[193].
Als einziger Kritiker setzte sich Erich Steinhard mit Ullmanns Verhältnis zu seinem Lehrer Schönberg auseinander. Er bestätigte dem jungen Meister, daß er

---

185 ibd.
186 ibd.
187 ibd.
188 ibd.
189 Th. Veidl, vgl. Anm. 45.
190 Wie Anm. 181.
191 Wie Anm. 189.
192 Wie Anm. 181.
193 Wie Anm. 189.

"mit diesem Quartett längst kein Schönbergschüler mehr" sei, "sondern ein Künstler, der wohl durch die Grammatik seines Lehrers hindurchgegangen ist, aber souverän und mit außerordentlichem Sinn für die Wirklichkeit musiziert und mit großer Leidenschaft bei lapidarer Klarheit ein Werk hinstellt, dessen Plastik sich jedem Zuhörer mitteilt und dessen Durchführungen eben durch die Anschaulichkeit der Ideen und die Prägnanz des Aufbaus jeden Musiker intensiv zu fesseln vermögen"[194].

Ohne auf Ullmanns Lehrzeit bei Schönberg direkt anzusprechen, stellte Max Brod das Streichquartett als eine Komposition dar, deren "entwickelte" Atonalität die schreckhafte Wirkung auf das Publikum verloren habe. "Die atonale Musik muß, zumal in der ausgleichenden Durchführung durch Streicher (und vor allem bei so vorzüglicher Besetzung, wie sie das Novák-Frank-Quartett bot) nichts Gekünsteltes, nichts Exprimentelles mehr an sich haben. Sie hat uns, wir haben sie erobert."[195]

"Ullmanns müßte sich endlich ein Verleger annehmen"[196] - diese nachdrücklich vorgetragene Forderung Erich Steinhards mußte dem zeitgenössischen Leser als logische Konsequenz aus der Schilderung der besonderen Qualitäten des "neuen" Streichquartetts erscheinen. Doch die erhoffte Verlagsbeziehung kam nicht zustande, so daß Steinhard sich noch im selben Jahr veranlaßt sah, vor einem anderen Forum in dieser Angelegenheit nachzusetzen: "Victor Ullmann hat vom Novak-Frank-Quartett ein Streichquartett aufführen lassen, dessen wunderbare Formgestaltung, Geistesklarheit und Erfindungskraft ihn doch noch - trotz alles bisherigen Mißgeschicks - bekannt machen wird."[197] Aber auch der zweite Appell verklang unerhört. Das Werk verschwand als Manuskript in der Schublade. Lediglich Theodor Veidl erinnerte zwei Jahre nach der Uraufführung an seine "nie versagende Wirkung" und wunderte sich darüber, "daß dieses Quartett noch keine weitere Verbreitung gefunden" habe[198].

---

194 E. Steinhard, in: Der Auftakt 7.1927, S. 186 f.
195 Wie Anm. 181.
196 Wie Anm. 194.
197 E. Steinhard, in: Die Musik 10.1927 (November), S. 152 f.
198 Wie Anm. 189.

Konzert für Orchester, op. 4 (1929/30)

Zu den wenigen spektakulären Höhepunkten in Viktor Ullmanns Komponistenlaufbahn müssen - neben dem Genfer Erfolg der "Schönberg-Variationen" - die Prager und Frankfurter Aufführungen des "Konzerts für Orchester" gezählt werden. Bevor deren Umstände, Verlauf und Presseecho zur Darstellung kommen, seien jedoch zunächst die Hintergründe der Entstehungsgeschichte dieses Werkes skizziert.

Als Ullmann die Arbeit an seinem zweiten großen Orchesterwerk aufnahm, war er eben aus dem Aussiger Engagement nach Prag zurückgekehrt. Da er sich weder um eine Vertragsverlängerung in Aussig bemüht hatte noch eine neue Verpflichtung als Kapellmeister anstrebte, muß angenommen werden, daß er beabsichtigte, den Schwerpunkt seiner Tätigkeit von nun an auf das Komponieren zu verlegen. Es bestand freilich keine Aussicht, das mit der Abwendung vom Kapellmeisterberuf entstandene Problem der Sicherung einer freiberuflichen Existenz allein mit den Erträgen aus neuen Kompositionen zu bewältigen. Finanzielle Absicherung versprach sich Ullmann von mehreren Nebentätigkeiten, denen er in den folgenden Jahren mit wechselnder Intensität nachging.
In der Hoffnung auf regelmäßige, wenn auch bescheidene Einkünfte bot er seine Dienste zunächst als Privatmusiklehrer an. Die entsprechende Annonce ließ er seit August 1928 ein Jahr lang ununterbrochen in der "Adreßtafel" des "Auftakt" veröffentlichen[199]. Weiterhin publizierte er seit Anfang des Jahres in mehreren Zeitungen und Zeitschriften. Am Beginn der journalistischen Aktivitäten standen zwei Beiträge für die Fachzeitschrift "Pult und Taktstock"[200]. Im Oktober folgte der Essay "Die deutsche Musik" in der "Bohemia"[201], und zum Abschluß kam

---

199 "Der Auftakt" war 1920 als offizielles Organ des "Musikpädagogischen Verbandes in Prag" begründet worden. Der Text der Annonce lautete: "Viktor Ulmann [! - korrigiert im Oktoberheft]. Kompositionslehre für Anfänger und Fortgeschrittene; Harmonie-, Formen-, Instrumentationslehre, Kontrapunkt. Analyse klass. u. mod. Meisterwerke. Prag VII., Plynárni 487."
200 Bemerkungen zur Retuschenfrage. In: Pult und Taktstock 5.1928, S. 5 ff. - Das Saxophon als Orchesterbaß. Ibd., S. 77 ff.
201 Die deutsche Musik [zu ergänzen: in der tschechoslowakischen Republik]. In: Bohemia, 28. 10. 1928. Beilage: 1918-1928. 10 Jahre Deutscher Kultur und Wirtschaft in der Tschechoslowakei. S. 35.

die Artikelserie nach zwei weiteren Aufsätzen für den "Auftakt"[202] mit einer Hommage zu Alban Bergs 45. Geburtstag[203]. Schließlich darf auch sein ehrenamtlicher Einsatz für den "Literarisch-künstlerischen Verein", in dessen Reihen sich die Prominenz des Prager deutschen Musiklebens zusammenfand, nicht unterschätzt werden. Zahlreiche Kontakte, die seit dem Abschied vom Opernbetrieb abzubrechen drohten, konnten hier erneuert bzw. weiter gepflegt werden[204].
Ein letzter Beleg für Ullmanns berufliche Neuorientierung findet sich in dem 1929 erschienenen "Deutschen Musiker-Lexikon". Der darin aufgenommene biographische Artikel beruhte ausschließlich auf Informationen, die er dem Lexikon-Herausgeber auf einem vorgedruckten Fragebogen mitgeteilt hatte. Nach dem Namenseintrag "Ullmann, Viktor Josef" enthält der Artikel die Berufsangaben "Komp., Kapm."[205], eine zweifellos bewußt gewählte Reihenfolge, deren Authentizität noch dadurch unterstrichen wird, daß Ullmann sie auch auf dem vor der Drucklegung zu überprüfenden Korrekturabzug nicht verändert hat.

Die Entlastung von den täglichen Pflichten des Opernkapellmeisters machte es Ullmann möglich, die Arbeit an der Partitur seines neuen, groß angelegten Orchesterwerks konsequent voranzutreiben und in relativ kurzer Zeit abzuschließen. Ende 1928 war das "Konzert für Orchester" vollendet; damit fand eine "schöpferische Pause" von mehr als zweijähriger Dauer ihren Abschluß[206].
Nach Zemlinskys Wechsel an die Berliner Kroll-Oper hatte Ullmann in Hans Wilhelm Steinberg einen neuen Mentor gefunden. Steinberg war - noch unter Zemlinsky - 1925 als erster Kapellmeister an das Neue deutsche Theater berufen worden. 1926 hatte er in seinem ersten Auftritt als Konzertdirigent Ullmanns "Oktett" uraufgeführt, was wohl als Beleg für eine gedeihliche kollegiale Zusammenarbeit genommen werden kann. Seit Übernahme der Chefposition unterstanden sowohl die Oper als auch die Philharmonischen Konzerte seiner Leitung. Bei der Planung der Saison 1928/29 müssen ihm wesentliche Teile des "Konzerts für Orchester" bereits vorgelegen haben. Er nahm das Werk zur Urauf-

---

202 Das Saxophon und seine Aufgabe. In: Der Auftakt 9.1929, S. 68 ff. - Zur Frage moderner Vokalmusik. Ibd., S. 273 ff.
203 Alban Berg. In: Der Anbruch 12.1930, S. 50 f.
204 Im Oktober 1928 wurden bei Vorstandswahlen Erich Steinhard als Vorsitzender und Hans Wilhelm Steinberg als sein Stellvertreter bestätigt. Als Beisitzer wurden - neben Ullmann - die Komponisten Fidelio Finke, Hans Krása und Erich Wachtel berufen. Vgl. Bohemia, 28. 10. 1928.
205 Deutsches Musiker-Lexikon, vgl. Anm. 63.
206 Zuletzt waren 1925 die "Schönberg-Variationen" entstanden. Über ein "Konzert für Klarinette und Orchester", 1925 (Oskar Baum, in: Der Auftakt 5.1925, S. 138) und ein "Trio für Holzbläser", 1926 (Riemann Musiklexikon. 11/1929) liegen nur vage bibliographische Angaben vor.

führung an und setzte es, zusammen mit Gustav Mahlers sechster Symphonie, auf das Progamm des vierten Philharmonischen Konzerts.

Die Rezensenten dieses Konzerts vom 7. März 1929 nahmen die Programmkonstruktion durchweg positiv auf. Bei Oskar Baum hieß es: "Neben dem berühmtesten Vertreter, den die deutsche Musik der Tschechoslowakei je in das unpolitische europäische Konzert entsandte, Gustav Mahler, kam die junge Komponistengeneration durch eine ihrer kräftigsten Begabungen zur Geltung, den aus Schlesien stammenden, in Prag schon wohlakkreditierten Viktor Ullmann."[207] Hans Heinz Stuckenschmidt urteilte wie folgt: "Und es sprach für ihre [d.h. die Partitur des Ullmann-Werkes] schöpferische Intensität, wenn sie gegen die elementare Leidenschaft von Mahlers 'Sechster' nicht abfiel."[208] Darüber hinaus wurde das neue Werk als eine "Uraufführung von Gewicht"[209] begrüßt, dessen einzelne Aspekte und Qualitäten die Referenten mit großer Aufmerksamkeit registrierten und auf breitem Raum darstellten.

Das dreisätzige Werk, über dessen Satzbezeichnung keine durchgängige Klarheit herrschte[210], war in seinem Aufbau leicht zu überschauen: "Einem langsamen ersten Satz folgt ein bizarr-groteskes Menuett mit Trio (sehr gemessen); ein humorvolles Capriccio in Variationsform bildet den Abschluß."[211] In der allgemeinen Charakteristik erschien der langsame Einleitungssatz "problemerfüllt"[212] und von "abstraktem Charakter"[213], aber auch "versonnen, träumend, zur Tragik aufwuchtend, die sogar in diesem sparsamen Orchester einen Orkan entfesselt"[214]. Mit Ullmanns satztechnischer Behandlung des konzertanten Stils beschäftigte sich Stuckenschmidt in diesem Zusammenhang ausführlicher: "Das klassische Prinzip des konzertanten Stiles ist hier fast völlig aufgegeben. Schon in Bewegung und Charakter weicht dieses Adagio der Vorstellung instrumentalen, lebendigen Wetteifers kühn aus, setzt es an seine Stelle gleichsam reflektorische orchestrale Unterhaltungen und belebt sie weniger durch Plastik als durch Farbigkeit der streng entwickelten Themen."[215]

---

207 Oskar Baum, in: Prager Presse, 9. 3. 1929.
208 Hans Heinz Stuckenschmidt, in: Bohemia, 8. 3. 1929.
209 ibd.
210 Aus dem erhaltenen Programm des (späteren) Frankfurter Konzerts lassen sich folgende Satzbezeichnungen entnehmen: Langsam - Menuett (sehr gemessen) - Capriccio in Variationsform. Archiv der Frankfurter Museumsgesellschaft.
211 Hertha Wien-Claudi, in: Signale für die musikalische Welt 87.1929, S. 1239 f.
212 Wie Anm. 207.
213 Erich Steinhard, in: Der Auftakt 9.1929, S. 92.
214 Max Brod, in: Prager Tagblatt, 8. 3. 1929.
215 Wie Anm. 208.

Im zweiten Satz fiel die "äußerst skurile Scherzostimmung", verbunden mit einer "im höchsten Grade bewundernswerte[n] Orchestersprache"[216], auf. Dazu kontrastierte das "behaglich ironische Trio"[217].
Bewegung und Entwicklung beherrschten den abschließenden Variationensatz, der sich durch "konzentrierte Kombinationsfülle"[218] und "strenge polyphone Bildungen"[219] auszeichnete. Überraschung löste der Es-Dur-Schluß, den Stuckenschmidt "fast als Witz"[220] empfand, bei allen Rezensenten aus. Vereinzelte Erklärungsversuche spielten auf ein verborgenes Programm an. Erich Steinhard verstand die musikalische Entwicklung in den vorangegangenen Sätzen als "Vorbereitung zu diesen musikalischen Wandlungen, deren Stretta überraschenderweise in einem lichten klaren Dur abschließt"[221]. Max Brod faßte seinen Gesamteindruck in der folgenden Sentenz zusammen: "Die Wiederherstellung der reinen einfachen Tonart nach all den Schönbergschen Zwölfton-Ausweichungen gibt dem ganzen Werk einen Anstieg aus Problembelastung ins Unproblematische, aus dem Gedankenvollen ins unbeirrbar fröhliche Gefühl."[222]

Einen Widerspruch zwischen der Benennung des Werkes als "Konzert" und der satztechnischen Ausführung insbesondere im langsamen ersten Satz hatte als einziger Stuckenschmidt festgestellt (s.o.). Die Merkmale des konzertierenden Stils schienen ihm eigentlich nur im Schlußsatz ausgeprägt. Dagegen war Max Brods folgende Bemerkung allgemeiner Natur und bezog sich wohl auf das ganze Werk: "Die solistische Behandlung der einzelnen Instrumente und Instrumentalgruppen läßt die Themen in glitzernder Deutlichkeit hervortreten."[223]
Das bereits bei der "Symphonischen Phantasie" aufgetretene Problem der gattungsmäßigen Zuordnung war Ullmann offensichtlich selbst bewußt, denn er ließ das "Konzert für Orchester" ein Jahr später in Frankfurt/M. unter dem Titel "Erste Symphonie" aufführen[224]. Der Rezensent der "Frankfurter Zeitung" merkte dazu allerdings kritisch an, daß sich das Werk - wenigstens teilweise - auch dieser Zuordnung entzog: "Ob man das Stück als Symphonie anerkennen will oder nicht, ist eine Frage zweiter Ordnung gegenüber seiner offenkundigen

---

216 ibd.
217 Wie Anm. 207.
218 ibd.
219 Wie Anm. 208.
220 ibd.
221 Wie Anm. 213.
222 Wie Anm. 214.
223 ibd.
224 Vgl. Anm.210. In seiner letzten Werkübersicht nennt Ullmann sein op. 4 "Symphonietta" (Brief an Karel Reiner, vgl. Anm. 3), wahrscheinlich in Anlehnung an Adornos Vorschlag (vgl. Anm. 172).

Wirkung als weiteres bedeutendes Dokument dieser neuerdings wiederholt hervorgetretenen Begabung."[225]

Besondere Faszination ging offenbar von Ullmanns Instrumentationskunst aus. Die im Dienste der Scherzostimmung des zweiten Satzes eingesetzte "Orchestersprache" ließ "Klangfarben aufleuchten [...], deren Beherrschung genialen Instrumentierinstinkt beweist"[226]. Einzelheiten schilderte Max Brod: [Zweiter Satz] "Das Scherzo spielt mit kleinen Till-Eulenspiegeleien, sogar die Celesta macht Witze, ein Waldhornmotiv gleitet ins Xylophon hinüber, Tambourin und Kastagnetten markieren den Rhythmus." [Dritter Satz] "Klare Thematik, die Wiederholung von vier gleichen Tönen[227] zeigt sofort ein unverkennbar charakteristisches Gesicht, reizvolle Triolen umspielen bald den Grundeinfall, er wird zerfetzt, von den Posaunen wild in der Luft herumgeschwungen, schließlich mündet alles in ein Pomposo der Bläser, das effektvoll den Sieg entscheidet."[228]

Über den Stand der Auseinandersetzung Ullmanns mit der Kompositionstechnik seines Lehrers Arnold Schönberg geben die Kritiken interessante Aufschlüsse. Spürte man jedoch in früheren Rezensionen überwiegend die Tendenz, die wachsende stilistische Eigenständigkeit des jungen Komponisten herauszustellen und Schönbergsche Einflüsse herunterzuspielen, so begegnet man in der Besprechung Stuckenschmidts erstmals einer positiven Wertung der noch immer deutlich erkennbaren Prägung Ullmanns durch den Wiener Meister: "Der junge Musiker führt den Adelsbrief der Schönberg-Gefolgschaft mit sich."[229] Stuckenschmidt vermied indes jeden Anflug eines mißverständlichen Pauschalurteils, indem er die hier begegnenden Elemente Schönbergscher Kompositionsweise exakt eingrenzte: "Man spürt diese Schulung in der Typik ihrer Polyphonie, in der Tendenz auch des Klangwillens, der allerdings die Grenzsphäre der Georgelieder kaum überschreitet, mit seiner tonalen Freiheit, seiner starken Neigung zu vagierenden Akkorden, aber unverkennbar ist."[230]
In den anderen Kritiken wurden freilich weiterhin in "polarisierender" Betrachtungsweise "Dogmatismus" bzw. "Orthodoxie" Schönbergscher Provenienz der spielerisch betonten Musizierhaltung des "Temperamentmusikers" Ullmann gegenübergestellt. Insbesondere Oskar Baum hob hervor, daß Ullmanns "Klangphantasie in natürlicher Abkehr von der Schönbergschen Orthodoxie wieder das

---

225 Karl Holl, in: Frankfurter Zeitung, 25. 1. 1930.
226 Wie Anm. 208.
227 Das Thema des Variationensatzes wurde, laut Stuckenschmidt, durch die Soloflöte eingeführt.
228 Wie Anm. 214.
229 Wie Anm. 208.
230 ibd.

Ohr und den Instinkt über die Hirnarbeit" setze. Das "Konzert für Orchester" sei ein Beweis dafür, daß die von Schönberg eroberten Ausdrucksgebiete "auf triebhaft musikantische Weise fruchtbar gemacht werden" könnten[231]. Auf ähnlichen Bahnen bewegte sich Erich Steinhardt mit der Bemerkung, Ullmann ziehe "das 'Spiel' mit Formen der Expression und einem betonten Empfinden" vor. Seine Komposition sei jedoch auf eigene Art "ein Werk dieser Zeit", denn "der Geist, der aus dem 'Konzert' spricht, ist insoferne ein anderer [gemessen an der 'Methode' Schönbergs], als die musikalische Erfindung temperamentgeboren ist"[232].

Karl Holl schließlich war sich mit Stuckenschmidt in der Beobachtung einig, die lineare Polyphonie Schönbergs habe in Ullmanns Stil erkennbare Spuren hinterlassen. Doch sei der junge "Deutschböhme" in seinem "ersten Anlauf [...] zur Eroberung des großen Formats" bestrebt, "diese im Keime kammermusikalische Technik einschließlich der Tendenzen Schönbergs zu einer Melodik der Instrumentalfarben aus dem Dogma in musikantisches Spiel zu lösen, so daß man sie 'nicht merkt'"[233].

Nimmt man alle angesprochenen Kritikpunkte zusammen, so entsteht in relativ klaren Umrissen ein Eindruck von dem "Konzert für Orchester", der die Vermutung rechtfertigt, Ullmann habe einerseits alle bereits früher erprobten kompositorischen Mittel wieder aufgegriffen, andererseits in Stil und Ausdruck des großformatigen Werks jedoch eine deutliche Steigerung erreicht. Auf einen Aspekt in der Geradlinigkeit dieser Entwicklung wies Max Brod hin, indem er das Scherzo des "Konzerts" zu der Bühnenmusik von 1925 in Beziehung setzte: "Man wird bei der chinesischen Gravität dieser kleinen Schritte an eines der ersten Werke Ullmanns gemahnt, seine Bühnenmusik zum 'Kreidekreis'."[234]

Die Gedanken zumindest eines Kritikers galten dagegen auch den zukünftigen Perspektiven des Ullmannschen Schaffens. Oskar Baum war überzeugt von der "Eigenkraft Ullmanns, auf dessen in Vorbereitung befindliche Oper 'Peer Gynt' man große Hoffnungen setzen darf"[235].

Am Uraufführungserfolg waren, wie bereits bei früheren Werken, die Interpreten in hervorragender Weise beteiligt. Uneingeschränktes Lob galt vorerst dem Orchester, das "mit großer Hingabe" spielte und "den Schwierigkeiten des Ullmann-Konzertes mit bewundernswerter Sicherheit gerecht" wurde[236]. Beinahe überschwenglich fiel der Beifall der Rezensenten für die Leistung des Dirigenten

---

231 Wie Anm. 207.
232 Wie Anm. 213.
233 Wie Anm. 225.
234 Wie Anm. 214.
235 Wie Anm. 207.
236 Wie Anm. 208.

aus, der "für die zart dissonanten Klänge des Anfangs, für all die Spässe, wie für den integralen Schluß die temperamentvollste Ausdeutung" fand[237]. Einen Hauch vom Charisma dieser Dirigentenpersönlichkeit vermitteln die letzten Sätze aus Oskar Baums Kritik: "H.W. Steinberg hatte einen seiner ganz ekstatischen Abende, der Gefühlsmacht des Mahlerschen Werks angemessen, eine Ekstase bei klarem Kopf, von der eine gewaltige Suggestion auf Musiker und Hörer ausgeht. Er hat für die rhythmisch und klanglich kapriziöse Musik Ullmanns ebenso die spitzfingrige Technik wie für die monumentalen episch-dramatischen Klangbegebenheiten Mahlers."[238]

Zu diesem Zeitpunkt war noch unbekannt, daß Steinberg im vierten Philharmonischen Konzert seinen letzten Prager Auftritt als Konzertdirigent haben würde. Mitte 1929 gab er seine Position am Neuen deutschen Theater auf und ging als Leiter der Oper und der Museumskonzerte nach Frankfurt/M., wo er die Nachfolge des an die Wiener Staatsoper berufenen Clemens Krauss antrat. An seiner neuen Wirkungsstätte fand er bald eine Gelegenheit, das in Prag so erfolgreiche "Konzert für Orchester" erneut aufzuführen. Im siebenten Freitags-Konzert der Frankfurter Museums-Gesellschaft (24. Januar 1930) stand Ullmanns Werk unter dem neuen Titel "Erste Symphonie in drei Sätzen für Orchester" neben Mozarts Violin-Konzert KV 218 und der neunten Symphonie von Gustav Mahler auf dem Programm. Zwei Tage später wurde das Konzert als Sonntags-Matinee wiederholt. Die Resonanz im Publikum und das Presseecho waren positiv, so daß Steinberg sich in seinem Einsatz für die Komposition Ullmanns bestätigt fühlen konnte. "Die Aufführung des Ullmann war schon eine hervorragende Leistung des Dirigenten Hans Wilhelm Steinberg und des dort in Gruppen und Einzelcharakteren aufs Feinste differenzierten Orchesters. Die Aufführung des Mahler aber brachte, entsprechend dem größeren Kaliber des Werks, noch eine erhebliche Steigerung der reproduktiven Gesamtleistung. Das Publikum schien überwiegend gespannt. Einige Pfiffe nach dem Ullmann wollen nichts besagen; es kommt ja immer darauf an, wer pfeift."[239]

Trotz der drei hochgelobten Aufführungen in Prag und Frankfurt fand das "Konzert für Orchester" keinen Eingang in das Repertoire weiterer Dirigenten bzw. Orchester. In den folgenden Jahren seiner "Odyssee" nach Zürich und Stuttgart (1929-1933) hatte Ullmann offensichtlich weder Gelegenheit noch Interesse, sich persönlich für weitere Aufführungen einzusetzen. So verblieb die Partitur als Manuskript beim Autor. Unter der Opuszahl 4 reihte er das "Konzert" in sein revidiertes Werkverzeichnis ein. Damit dokumentierte er die eigene

---

237 Wie Anm. 214.
238 Wie Anm. 207.
239 Wie Anm. 225.

Wertschätzung dieser Komposition, die - neben dem ersten Streichquartett, dem "Oktett" und den "Schönberg-Variationen" - als eines der wenigen Werke aus dem Schaffen der zwanziger Jahre im Gesamtwerk Bestand haben sollte.

"Peer Gynt" und "Sieben Serenaden"

Die Oper "Peer Gynt" gehört zu den Kompositionen Ullmanns, die der Forschung bisher Rätsel aufgegeben haben. Mit der von Ibsen übernommenen Vorlage hatte Ullmann sich wohl schon zwischen 1927 und 1929 auseinandergesetzt, ohne daß die Arbeit zu einem erkennbaren Abschluß gebracht werden konnte. Seitdem geistert der geheimnisumwitterte Titel mit einem halben Dutzend Erwähnungen durch die bibliographischen Quellen. Der einzige und zugleich auch der späteste authentische Beleg findet sich in einer Briefstelle: 1938 sandte Ullmann einem Prager Freund eine Werkübersicht, in der er die "Peer Gynt"-Oper als unvollendetes Werk aufführte[240].
Konkrete Anhaltspunkte, die musikalische Bearbeitung oder die Gestaltung des Librettos betreffend, liegen nicht vor; das fragmentarische Manuskript ist vermutlich, ebenso wie die anderen, nicht im Selbstverlag gedruckt erschienenen Werke, verloren gegangen.

Wenngleich eine diffenrenzierte Darstellung des Falles an dieser Stelle nicht geleistet werden kann, so seien nachfolgend wenigstens einige der damit zusammenhängenden Probleme in Form eines Fragenkatalogs skizziert:
- Wie weit war die Arbeit an der dreiaktigen Oper vorangekommen?
- Hat Ullmann mit einem Librettisten zusammengearbeitet oder selber das Drama Ibsens als Opernlibretto eingerichtet?
- Ergibt sich aus der Stoffwahl eine Beziehung zu früheren dramatischen Kompositionen ("Tantalos", "Kreidekreis")?
- Lieferte der Beginn der Beschäftigung mit der Anthroposophie einen hinreichenden Grund, das Unternehmen abzubrechen?
- Warum hat Ullmann die Arbeit an dem Stoff, der ohne Schwierigkeiten im anthroposophischen Sinne interpretiert werden kann, später nicht wieder aufgenommen?

Wenn nicht neue Quellen auftauchen, werden alle Versuche, Antworten auf diese Fragen zu finden, sich weitgehend im spekulativen Bereich bewegen müssen.

Als Grundlage für die weitere Erforschung stehen immerhin die oben bereits angesprochenen bibliographischen Materialien zur Verfügung, über die nun im chronologischen Überblick berichtet werden soll.
Als erste Erwähnung findet sich eine Eintragung im "Deutschen Musiker-Lexikon". Der auf eigenen Angaben beruhende Artikel notiert an letzter Stelle des

---

240 Brief Ullmanns an Karel Reiner, vgl. Anm. 3.

Werkverzeichnisses "Peer Gynt. Op. 27-29."[241] Da der Herausgeber die Erhebung der Daten in einer Fragebogenaktion bereits 1928, also im Jahr vor der Publikation des Lexikons, abschließen mußte, enthalten diese Angaben nicht mehr als einen Hinweis auf den Beginn der Komposition. Die Jahreszahl 1929 kann demnach lediglich den geplanten Abschlußtermin bezeichnen. Dennoch muß diese Quelle als ein überzeugender Beleg dafür aufgefaßt werden, daß Ullmann um 1928 ernsthaft an der Oper arbeitete und sie auch zu vollenden beabsichtigte.

Oskar Baums "Peer Gynt"-Notiz ist bereits im Zusammenhang mit der Uraufführung des "Konzerts für Orchester" zitiert worden. Sie erweckte, ebenso wie Theodor Veidls "Auftakt"-Beitrag, den Anschein, die Arbeit an der Oper befände sich bereits in einem fortgeschrittenen Stadium. Während Baum von der "in Vorbereitung befindlichen" Oper berichtete[242], schrieb Veidl: "Eine dreiaktige Oper 'Peer Gynt' steht vor der Vollendung."[243]

Neue Nahrung erhielten die mit solchen Meldungen verbundenen Erwartungen durch eine Nachricht, die in der "Prager Presse" veröffentlicht wurde. Darin schlug man - neben der Genfer Präsentation der "Schönberg-Variationen" und dem bevorstehenden Wechsel nach Zürich - die "Peer Gynt"-Oper bereits der Erfolgsbilanz Ullmanns zu. Demzufolge schienen die Vollendung der Partitur und sogar eine Aufführung in greifbarer Nähe zu liegen. Der vollständige Text lautete: "Kapellmeister Viktor Ullmann wurde, wie wir erfahren, dem Schauspielhaus in Zürich verpflichtet. Viktor Ullmann steht gegenwärtig in der vordersten Reihe der aus der Tschechoslowakei stammenden deutschen Komponisten und ist erst kürzlich beim Internationalen Musikfest in Genf mit Auszeichnung erwähnt worden. Seine der Vollendung entgegengehende Oper 'Peer Gynt' wird u.a. auch in Prag zur Aufführung gelangen."[244]

In der zum zehnjährigen Bestehen der Deutschen Musikakademie in Prag veröffentlichten Festschrift ging Erich Steinhard eher beiläufig auf Ullmanns Schaffen der zwanziger Jahre ein: "Viktor Ullmann, mit Liedern, einem Streichquartett, Orchesterwerken und einer 'Peer Gynt'-Oper, legitimiert seine Zugehörigkeit zum Schönbergkreis, ohne blassen Theoremen zu verfallen."[245]

Aus dieser Textfassung konnte der unbefangene Leser freilich keine klare Vorstellung vom derzeitigen Werkzustand der Oper gewinnen. Steinhard selbst nahm später - in dem gemeinsam mit Vladimír Helfert publizierten Buch über die Musik in der Tschechoslowakei - eine Korrektur seiner nicht näher kommentierten und

---

241 Deutsches Musiker-Lexikon, vgl. Anm. 63.
242 Vgl. Anm. 207.
243 Vgl. Anm. 45.
244 Prager Presse, 18. 4. 1929.
245 Erich Steinhard, Deutsche Komponisten der Tschechoslowakei. In: Festschrift. Deutsche Akademie für Musik und darstellende Kunst in Prag. 1920 - 1930. Prag 1931. S. 17.

deswegen irreführenden Angabe vor, allerdings um den Preis eines neuen Fehlers: "Seine Opern 'Der Fremde' und 'Peer Gynt' sind bislang nicht herausgekommen."[246]
Bei dem Titel "Der Fremde" handelt es sich um eine der hartnäckigsten "Enten" der Ullmann-Literatur. Sie tauchte erstmals in einem "Auftakt"-Artikel Steinhards auf und wurde von dort bzw. aus dem Standardwerk von 1938 in viele Nachkriegspublikationen übernommen. Ullmann selbst nannte diesen Titel in keinem seiner "authentischen" Verzeichnisse. Möglicherweise bezeichnen aber sowohl "Peer Gynt" als auch "Der Fremde" dasselbe Projekt; eine Hypothese, die an Wahrscheinlichkeit gewinnt, wenn man berücksichtigt, daß Ullmann mit eindeutigem Bezug auf den "Peer Gynt"-Stoff seinem "Tagebuch in Versen" die Überschrift "Der fremde Passagier" gegeben hatte[247]. Unter Umständen war dies - verkürzt zu "Der Fremde" - der Arbeitstitel der geplanten "Peer Gynt"-Oper, der vom Komponisten später zugunsten des Ibsenschen Originaltitels aufgegeben wurde. Unter diesen Voraussetzungen ließe sich Steinhards Doppelnennung als ein bereits in der frühen Publikation (1924) angelegtes Mißverständnis erklären.

Nach Ullmanns eigenen Angaben[248] wurden die "Sieben kleinen Serenaden für Gesang und zwölf Instrumente", sein letztes vor 1930 komponiertes Werk, in Frankfurt/M. und in Prag aufgeführt. Während bibliographische Nachweise für einen Prager Konzerttermin fehlen[249], läßt sich die Frankfurter Aufführung zweifelsfrei dokumentieren. Sie fand am 28. Juni 1931 in einem "Studien-Konzert" des Süddeutschen Rundfunks statt.
Die 1929 entstandene Partitur war vermutlich durch die Vermittlung Hans Wilhelm Steinbergs nach Frankfurt gekommen. Ihre Annahme im Rundfunk verdankte sie womöglich der Initiative der Frankfurter IGNM-Ortsgruppe, die sich im Jahr zuvor bereits der "Schönberg-Variationen" angenommen hatte.
Ullmanns "Serenaden" standen im Programm zwischen zwei ebenfalls zeitgenössischen Orchesterwerken[250]. Unter der Leitung von Hans Rosbaud spielten Mitglieder des Rundfunkorchesters; den Gesangspart hatte die Sopranistin Gisela Derpsch übernommen. Dem Charakter eines "Studien-Konzertes" entsprechend wurden den musikalischen Beiträgen "einleitende Worte" vorangestellt. Der von

---

246   Helfert/Steinhard, Die Musik..., S. 180, vgl. Anm. 9.
247   Edition in: Viktor Ullmann - Materialien, vgl. Anm. 2.
248   In: Brief an Karel Reiner, vgl Anm. 3.
249   Steinhard behauptete, die Uraufführung habe 1930 stattgefunden. Die Ortsangabe fehlt. Vgl. Anm. 9.
250   Ernst Pepping, Invention für Kleines Orchester. - Hanns Eisler, Orchester-Suite für Rundfunk.

Theodor Wiesengrund-Adorno gesprochene Kommentar enthielt eine "Analyse der aufgeführten Werke"[251].

In die Übersicht über das Tagesprogramm des Frankfurter Senders hatte sich ein Druckfehler eingeschlichen. Statt "op. 6" wurde "op. 4" ausgedruckt. Daneben findet sich jedoch - in Klammern - als hochinteressante Ergänzung die namentliche Nennung des Serenadendichters: "nach lyrischer Prosa von Jos. Tannfels". Hinter dem Pseudonym verbarg sich niemand anders als der Komponist, der für diesen Zweck seinen zweiten Vornamen mit dem Adelsnamen seines Vaters verbunden hatte[252].

*

Zum Zeitpunkt der Sendung war Viktor Ullmann bereits aus seinem Engagement am Zürcher Schauspielhaus nach Prag zurückgekehrt. Die Entscheidung, sich "einen alten Herzenswunsch" zu erfüllen, "um der anthropos. Bewegung unmittelbar dienen zu können"[253], war längst gefallen. Ullmann trat Mitte des Jahres 1931 der Anthroposophischen Gesellschaft bei und nahm im September seine Tätigkeit als anthroposophischer Buchhändler in Stuttgart auf.
Damit ging die erste Dekade seines Wirkens als Kapellmeister und Komponist definitiv zu Ende. Es folgten zwei Jahre musikalischer Abstinenz, über deren Hintergründe er Alban Berg kurz nach der Ankunft in Stuttgart berichtete: "Komponiert habe ich jetzt lange nichts. Es ist ja soviel Neues von Außen und Innen in mein Leben getreten, daß diese Stockung begreiflich ist. Ob und wie es jetzt weiter gehen wird, kann ich noch nicht sagen. Anregungen gibt es in Fülle, aber vor wachsenden Aufgaben ist der Mut wesentlich gesunken, dafür die Liebe zu den Meistern gestiegen!"[254]

---

251 Programm der Woche. In: Südwestdeutsche Rundfunkzeitung 7.1931, Nr. 25 (21. Juni). - Adornos Sendemanuskript ist - laut Auskunft des Adorno-Archivs, Frankfurt/M., vom 7. 10. 1991 - nicht erhalten.
252 Das Adelsprädikat "von Tannfels" hat Ullmann außer in diesem Fall nur noch einmal in einer Theresienstädter Komposition verwendet ("Chansons des enfants françaises", 1943).
253 Brief Ullmanns an Alban Berg vom 11. 10. 1931. Österreichische Nationalbibliothek Wien, Musiksammlung. F 21 Berg 1472/5.
254 ibd.

Anhang

1. Texte der Rezensionen 75
   Sieben Lieder mit Klavier 75
   Sieben Lieder mit Kammerorchester 77
   Bühnenmusik zu "Der Kreidekreis" 78
   "Symphonische Phantasie" 78
   Oktett 81
   "Schönberg-Variationen" (1. Fassung) 82
   "Schönberg-Variationen" (2. Fassung) 84
   Erstes Streichquartett 88
   Konzert für Orchester 90
   Sieben Serenaden 93

2. Bibliographisches Verzeichnis der Quellen 94

3. Verzeichnis der verlorenen Kompositionen
   Chronologisch-bibliographischer Überblick 95

4. Zeitgenössische Komponisten und ihre Werke
   in den Prager Ullmann Konzerten 98

1. Texte der Rezensionen

Sieben Lieder mit Klavier

Abend neuer Musik nannte sich die jüngste Veranstaltung des "Deutschen künstlerisch-literarischen Vereins in Prag", der bemüht ist, seine Daseinsberechtigung nachzuweisen. Diesmal versuchte man es schon ohne die Attraktion des anschließenden Tanzes und so erwies sich der kleine Mozarteumsaal als viel zu groß, um die zu fassen, die sich mit künstlerischen Darbietungen begnügen. Der lockende Anreiz hat gewiß nicht gefehlt. Vier neue Lieder von Alexander Zemlinsky standen auf dem Programm neben Kompositionen der deutschböhmischen Tondichter Fidelio Finke, Viktor Ullmann und Arthur Willner. Den Hauptanteil an der Ausführung hatte Franz Langer, der prächtige, musikalisch und technisch in allen Sätteln seiner Kunst gerechte Pianist [...] begleitete Olga Forrai, die sieben Lieder von Viktor Ullmann sang, auf den Spuren Mahlers und Schönbergs wandelnde, den Schwerpunkt mehr in die instrumentale Untermalung als in die Deklamation der Singstimme verlegende Vertonungen recht verschiedenartiger Gedichte. Die Wortundeutlichkeit der Sängerin im Verein mit dem mangelhaften Programmzettel, der statt Liedertexten ein Inserat bot, beeinträchtig[t]e naturgemäß den Eindruck. [...] Überflüssig zu sagen, daß es an reichem Beifall nicht fehlte.
Prager Montagsblatt, 12. 3. 1923.

Abend neuer Musik. Literarisch-künstlerischer Verein.
Gelöst von den nachfolgenden Ballfreuden fand der zweite Abend des Literarisch-Künstlerischen Vereins einen ungleich würdigeren und stilvolleren Rahmen für seine künstlerischen Darbietungen, aber zugleich eine so erschreckend zusammengeschmolzene Hörergemeinde, daß man den in der Prager Welt erfahrenen Veranstaltern der Eröffnungsfeiern durchaus recht geben muß, wenn sie die Verquickung von Tanz, Musik und Dichtung für das förderlichste Kompromis betrachten. Übrigens wären vielleicht nicht so wenige von den Besuchern treu geblieben, wenn man das musikalische Programm der beiden Abende vertauscht hätte. Die Kost war diesmal weit weniger schwer faßlich und widerborstig. [...] Eine besondere Sensation des Abends bildete das Debut des Kapellmeisters Viktor Ullmann vom Deutschen Theater als Komponist. Sieben Lieder, mit deren Wiedergabe Frl. Olga Forrai eine excellente Probe ihrer Liedergesangskunst ablegte. Die kleinen lyrischen Gebilde versuchen eine wirksame Synthese: Natürliche melodische Invention und stachelige dissonante Harmonik. Die Stimmung ist immer suggestiv getroffen und einheitlich

festgehalten. Besonders das heitere: "Ich ging wohl über einen grünen Plan", das auch wiederholt werden mußte, spiegelte eine recht anmutige Situation. Weniger glücklich ist der tragische Ton getroffen, der zuweilen ein wenig ins Sentimentale entgleitet. Überraschend und sicherlich sehr entwicklungsfähig ist die Begabung für prägnante und drastische Illustration, die der Klaviersatz verriet. [...] Sehr bedauerlich war es, daß man dem Programm die Texte der Lieder nicht beigegeben hatte, umsomehr als bei der schwierigen modernen Melodieführung die größte Deklamationskunst die Dichtung nicht beim ersten Hören fließend verdeutlichen kann. Der Beifall war herzlich, zum Teil sehr begeistert. Die Komponisten und die Ausführenden wurden immer wieder hervorgerufen.
Oskar Baum, in: Prager Presse, 13. 3. 1923.

Gestern nachmittags fand als erste deutsche Veranstaltung im Rahmen des Musikfestes ein Konzert des Vereins für musikalische Privataufführungen statt. Aufgeführt wurden Instrumental- und Vokalwerke sudetendeutscher Komponisten, ohne daß freilich die Auswahl einer Weizen von Spreu sondernden Zensur unterworfen worden wäre. Vielleicht wäre Erwin Schulhoffs rhythmisch-spielerische, ausgreifende Durchführungen vermissen lassende Klavier-"Sonate" zum Weizen gekommen, gewiß aber zur Spreu seine durchaus konventionellen Variationen über ein Klavierfibellied. Mit allzu gewichtigem Kraft- und Pedalaufwand trug der Komponist seine Opuscula vor. Viktor Ullmann ist man öfter schon als Liederkomponisten begegnet und auch die sieben Lieder, die gestern aufgeführt wurden, zeigen den sympathischen, ernsten Musiker auf guten Wegen stimmungsfördernder, auf sinngemäße Deklamation und aparte Klangwirkung bedachter Ausdeutung lyrischen Gefühlsinhalts. Den Schwierigkeiten des in weiten Intervallsprüngen geführten Vokalparts zeigte sich Olga Forrai vollauf gewachsen, den Klavierpart betreute der Komponist mit ausfeilender Sorgfalt. Waren da in Melodik und Harmonik Einflüsse Mahlers und Schönbergs unverkennbar, so trat bei Bruno Weigls Fünf Gesängen nach Dichtungen aus der Rhapsodie "Höre mich reden, Anna-Maria" von Arnim T. Wegner, Straußische Klangfarbenmischung und Tonmalerei, fest in tonaler Geschlossenheit verankert, in die Erscheinung. Prof. Franz Langer holte aus dem dankbaren Klaviersatz alles heraus. Hermann Ehm sang mit klangschönem Bariton, doch allzu zurückhaltend im Ausdruck. Das reifste der aufgeführten Werke stand am Schlusse: Fidelio Finkes Trio für Violine, Violincell und Klavier. Von kräftigen Rhytmen getriebene, plastische Themen in kunstvoller Polyphonie verarbeitende, vom Klavier beherrschte Ecksätze schließen einen den Streichinstrumenten gehörenden, melodisch mehr in die Breite als Tiefe wirkenden langsamen Satz ein. Die ausgezeichnete Wiedergabe durch die Herren Langer (Klavier), Schwejda (Violine) und Alt (Violincell) führte das physiognomievolle Werk zu einem starken Erfolg.
Leo Schleissner, in: Bohemia, 1. 6. 1924.

Als Epilog ein Wort zu den Rahmenveranstaltungen des Prager Festes. Sie hatten mit dem eigentlichen Fest der Internationalen Gesellschaft für nue Musik nicht das geringste zu tun und hatten vor allem den Zweck: mit Nachdruck das heimische Kunstschaffen produktiv oder reproduktiv in den Vordergrund zu rücken [...] Viktor Ullmann und Bruno Weigl haben, wesensverschieden, für zwei Zeittypen charakteristische Klavierlieder hören lassen.
E. Steinhard, in: Die Musik 17.1924/25 (Oktober), S. 74.

Sieben Lieder mit Kammerorchester

"Sieben Orchesterlieder" von Viktor Ullmann. Darüber dürfte eigentlich gar nicht berichtet werden, denn der "Verein für musikalische Privataufführungen", der sie unter des Komponisten Leitung aus dem Manuskript spielen ließ, schließt in seinen auf Grund typisch Schönbergscher Antithese formulierten Satzung die Öffentlichkeit aus und Kritik ist schon ganz und gar unerwünscht. Aber da an diesem Abend auch sonst gegen die zehn Gebote des Vereins gesündigt wurde, nicht nur die Mitglieder, sondern auch Gäste Zutritt hatten und auch die Bei- und Mißfallenskundgebungen untersagende Vorschrift unbeachtet blieb, so daß der Komponist Gelegenheit bekam, für aufrichtig gespendeten Applaus zu danken, so wird diesem wohl kein Schaden zugefügt, wenn die Kunde von seinem Erfolg in weitere Kreise dringt. Ullmann ist überzeugter Jünger Arnold Schönbergs, aber seine Lieder, auf Texte von Trakl, Tagore, Hafis und Louise Labé-Rilke komponiert, sind keineswegs sklavische Nachahmung, wollen nicht nur "interessant" sein: sie bekunden inneres Müssen und sind stark im Erschöpfen des politischen Vorwurfes. Und überdies klingt Ullmanns Orchester ausgezeichnet. Mit der bewunderungswürdigen Wiedergabe des an Stimmumfang und musikalische Intelligenz horrende Ansprüche stellenden Vokalparts hat Tilly de Garmo eine neue Probe ihrer künstlerischen Vielseitigkeit geboten. Vorher gab es die schon an anderer Stelle uraufgeführten "Miniaturen" Hans Schimmerlings zu hören, deren sichere Faktur als Beweis für die Beachtung verdienende Begabung des jungen Komponisten zu gelten hat. Was die als Schlußnummer zur Aufführung gelangende "symphonische Musik für neun Soloinstrumente" von E. Krenek anlangt, so möchte ich mich doch lieber auf den oberwähnten, die Kritik untersagenden Vereinsparagraphen berufen. Als Dirigent der Werke Schimmerlings und Kreneks hat sich Erich Stekel verdient gemacht.
Felix Adler, in: Bohemia, 18. 4. 1924.

Bühnenmusik zu "Der Kreidekreis"

Die Aufführung, von Demetz inszeniert, arbeitete neben dem "Allgemein-Menschlichen" mit Glück das Exotische heraus. Schöne Bühnenbilder (Krieger) und eine ganz aparte, leider nicht exakt genug einstudierte Bühnenmusik von Viktor Ullmann unterstützten die Stimmung. Die Musik lehnt sich vielleicht an Goossens Musik zu "Östlich von Suez" (von Maugham) an, sie hat aber eine Menge origineller Orchestereinfälle, ist lustig, ungemein amüsant.
Prager Tagblatt, 4. 1. 1925.

Der Kreidekreis. Erstaufführung. Begleitmusik: Viktor Ullmann. Regie: Hans Demetz. Bühnenausstattung: Liese Krieger. [Ausführliche Rezension: Gegenüberstellung des anonymen Originals mit Klabunds Bearbeitung, die als "pazifistisch-kommunistisch" eingestuft wird.] Auch die szenische Ausstattung fördert die Illusion ganz nett. Wesentlich tat dies die Begleitmusik von Viktor Ullmann, die manches groteske Moment des Originals wieder in Kraft treten ließ, das Klabund eliminiert zu haben scheint.
Prager Presse, 6. 1. 1925.

Am Prager deutschen Theater gelangte Klabunds chinesisches Hetärenspiel "Der Kreidekreis" mit einer originellen, außerordentlich stimmungsmachenden, unter Verwendung chinesischer Originalmelodien komponierten Bühnenmusik des Prager deutschen Kapellmeisters Viktor Ullmann zur erfolgreichen Aufführung.
Edwin Janatschek, in: Zeitschrift für Musik 92.1925, S. 108.

"Symphonische Phantasie"

Zemlinsky ist diesmal einer der wichtigsten Pflichten nachgekommen, die ihm als den [!] spiritus rektor [!] der philharmonischen Konzerte obliegen. Er hat die ganz Jungen zu Worte kommen lassen, [...] die ungeduldig darauf warten, sich endlich mitteilen zu können. [...] Viktor Ullmann, Erwin Schulhoff und Hans Schimmerling repräsentieren den besten Nachwuchs unter den heimischen deutschen Komponisten. Alle drei sind Musiker von ausgesprochen moderner Prägung und jeder von ihnen hat bereits sein eigenes Profil. Ullmann hat schon mit Kammerwerken, seiner feinen Musik zum "Kreidekreis" die Aufmerksamkeit auf sich gelenkt. In der "symphonischen Phantasie" reckt er sich, strebt er nach den höchsten Zielen. Eine Musik, von der Ideenwelt des letzten Mahler befruchtet, herb und trotzig, ringt hier, von einem fanatischen Künstlerwillen getrieben, nach Ausdruck und Gestaltung. Tragisch ist die Grundstimmung, um sich dann in einem pessimistisch resignierenden, aber doch zu tröstlichem

Ausblicke gelangenden Schlußgesang nach den schönen Worten Felix Brauns "Abschied des Tantalus" zu verklären. Aus zwei Abteilungen besteht das ein großes Orchester mobilisierende Werk, dessen edles Pathos und logische Konsequenz sich Respekt zu schaffen wissen. Ullmanns Symphonik vergißt über die Phantasie nicht die Form, hält auch trotz der großen Freiheit der Stimmführung an der Tonalität fest. Im Gebrauch der Mitte[l] ist der Verführung zur Hypertrophie nicht widerstanden, aber wie Ullmann exponiert, seine Themen aufbaut, durchführt und das Ganze rundet, das zeigt den bewußten Könner, der seine persönliche Note hat. [...] Ullmann, Schulhoff und Schimmerling dirigierten ihre Werke persönlich. Am Orchester und den Sängern Dr. Fellner und Hans Komregg hatten sie hingebungsvolle Helfer. Sie fanden sehr freundliche Aufnahme, jeder von ihnen konnte mehrfachem Hervorruf Folge leisten. [...]
Felix Adler, in: Bohemia, 27. 3. 1925.

Durch das Programm des Konzertes ging ein Bruch, der sich nicht verkleistern ließ. Auf der einen Seite war es zu viel Gutes, auf der anderen zu wenig Gutes. Das verträgt sich nicht. Mitten unter die Neutöner ein Violinkonzert von Mozart zu setzen, könnte höchstens so gemeint sein, daß man den Rittern der Atonalität zu verstehen gibt, wie mit beschränkten Mitteln so herrlich musiziert werden kann, daß der Hörer sich gehoben und innerlich befreit fühlt. Aber wir wollen nicht annehmen, daß die Pädagogik der Seitenhiebe bei der Schlußredaktion des Programms ausschlaggebend war, sondern neigen mehr der Ansicht zu, daß das ursprüngliche, in seiner starren Konsequenz achtunggebietende Programm nur deswegen durchbrochen wurde, weil die Möglichkeit bestand, die famose Erika Morini an diesem Abend auftreten zu lassen. Sie sollte das Zuckerl sein, das dem Publikum die drei Gänge moderne Kost heimischer Zubereitung zu versüßen hatte. Aber die Rechnung hat nicht ganz gestimmt, denn jener Teil des Publikums, der Erika Morini schon im Ferienkoloniekonzert gehört und bejubelt hatte, blieb diesmal zu Hause, weil ihm vor dem übrigen Programm grauste. Es wurden ja Komponisten aufgeführt, deren Namen noch nicht akkreditiert sind und die deshalb mit einem Zulauf nicht zu rechnen haben. Und doch muß man unbeschadet aller kritischen Einstellung zu Autor und Werk ohne Einschränkung anerkennen, daß es von Verständnis für die Bedürfnisse der jungen Komponistengeneration zeugt, wenn ihnen die Gelegenheit geboten wird, ihre Werke von einem Forum herab mitzuteilen, wie es unbestritten die Philharmonischen Konzerte unseres Theaters sind, und durch das Medium eines Orchesters, das sich willig in den Dienst der Sache stellt und die oft skurrilen Wünsche eines Komponisten nach besten Kräften erfüllt. Viktor Ullmann und Hans Schimmerling sind unserem Theater als Kapellmeister verpflichtet, Erwin Schulhoff ist dem Theater gegenüber Outsider, aber der radikalste der drei. [...] Viktor Ullmann, der sympathische dritte Kapellmeister des Theaters, debütierte

mit einer "Symphonischen Phantasie". Sie ist eine ausgesprochene Talentprobe, erfreulich in erster Linie durch die Tatsache, daß Ullmann der musikalische Atem nicht gleich ausgeht, wenn er zu musizieren beginnt. Das dreisätzige Werk verrät eine lebhafte Phantasie in der instrumentalen Farbenmischung. Grelle Farben sind durchaus nicht vermieden, manchmal aufgesetzt, ohne daß man recht verstünde, warum es so sein muß. Aber in der Durcharbeitung der Adagiostellen zeigt sich eine ungewöhnliche Einheit von Wollen und Können, so daß man der kompositorischen Entwicklung Ullmanns mit aufrichtigem Interesse wird folgen können. Der dritte Satz mündet in ein Tenorsolo zu Worten Felix Brauns. Der "Abschied des Tantalos" aus Brauns Drama "Tantalos" komprimiert in einfacher melodischer Linie Trost zum Abschied. "Leise ist in mir noch Hoffnung später Wiederkehr". Und: "So gedenk auch meiner ohne Klage! Denn es ist das Ferne nicht beklagenswert, vielmehr das Nahe, das in ewigem Schatten ruht." Also wieder Thema des Abschieds, jüngst auch von Finke zu Werfelschem Text angeschlagen, zum spirituellen Habitus der Geistigen unserer Tage gehörig. Fellner, dem man in letzter Zeit bei verschiedenen künstlerischen Anlässen gern begegnete, hat den Abschied des Tantalos stimmschön und mit tiefem Ausdruck gesungen. [...] Die Komponisten, die ihre Werke selbst dirigierten, hatten Erfolg. Die Intensität stufte sich von Schimmerling über Ullmann zu Schulhoff ab. [...]
Ernst Rychnowsky, in: Prager Tagblatt, 27. 3. 1925.

Das Konzert stand im Zeichen der Moderne. Drei junge deutschböhmische Komponisten kamen zu Worte: Victor [!] Ullmann mit einer "Symphonischen Phantasie", Erwin Schulhoff mit "32 Variationen für Orchester über ein eigenes Thema" und Hans Schimmerling mit dem Lieder-Cyklus für Bariton und Orchester "Die Kirschblüte" (Dichtung von Hartleben). Ullmanns Instrumentation und Harmonik sind radikal modern; nur im letzten Satz, in dem er Felix Brauns "Abschied des Tantalos" vertont, macht er der normalen Musikalität Concessionen. [...] Die Komponisten standen alle selbst am Dirigentenpult und traten mit mehr oder weniger Feuer für ihr Werk ein. [...]
Hertha Wien-Claudi, in: Signale für die musikalische Welt 83.1925, S. 1339 f.

Unter den deutschen Komponisten in Böhmen wurde endlich (welch Ereignis in der großen Stille!) eine Reihe der Jungen und Jüngsten herausgebracht. [...] In den Philharmonischen Konzerten des Deutschen Theaters war eine Sinfonische Phantasie des jungen Victor Ullmann und Orchesterlieder "Kirschblüte" des noch jüngeren vielgewandten Hans Schimmerling zu hören. Der erstgenannte, ein ungemein ernster zünftiger Schönberg-Schüler, hat großes Formtalent im Schlußteil seines Werkes bewiesen. [...]
Erich Steinhard, in: Die Musik 17.1924/25 (Juni), S. 713.

Oktett

[...] Viktor Ullmann, dem man schon einigemal im Konzertsaal begegnete, war mit seinem neuesten Oktett für Oboe, Klarinette, Fagott, Horn, Violine, Bratsche, Cello und Klavier vertreten. Im ersten Satz geht es noch einigermaßen "wüscht" zu, Schönberg schaut ihm eine Weile über die Schulter in die Partitur, länger und intensiver aber Strawinsky, von dem der Ullmann des ersten Satzes gelernt hat, wie er sich räuspert und wie er spuckt. Die acht Instrumente verleiten Ullmann wiederholt zu Entladungen, die rein äußerlich wirken, aber wie überrascht, ja hingerissen horcht man auf, wenn Ullmann in Gruppen musiziert, wenn er in zwei oder vier miteinander dialogisierende Instrumente Empfindungen hineinlegt, die aus Wirrnissen zur reinsten Läuterung aufsteigen. Rühmlich auch die Behandlung der Instrumente, so daß es in diesem bedeutenden Werk kaum eine matte Stelle gibt. [...]
Ernst Rychnowsky, in: Prager Tagblatt, 30. 4. 1926.

[...] Ein Oktett für Oboe, Klarinette, Fagott, Horn, Violine, Viola, Cello und Klavier von Viktor Ullmann war das zweite Hauptwerk des Abends. Man kennt den aus dem Kreise um Schönberg stammenden Komponisten schon durch früher aufgeführte Werke, unter welchen sich namentlich die im vorigen Jahr in einem Philharmonischen Konzert aufgeführte Symphonische Phantasie als die Arbeit eines ernsten Musikers mit weitgestecktem Ziel und gut fundiertem Können erwiesen hat. Auch dieses Oktett legitimiert Ullmann als einen Berufenen, der, was er zu sagen hat, konzentriert und weit entfernt von billiger Gefallsucht ausdrückt. Ullmann ist ein starkes Musiziertemperament. Seine bewegten Sätze haben Schwung und Feuer und in dem langsamen Teil, der ein Thema mit Variationen bringt, zeigt sich Einfallsreichtum und Gestaltungswille. [...]
Felix Adler, in: Bohemia, 30. 4. 1926.

Louis Laber hat sein Debut als Impressario in Ehren bestanden. Obgleich nicht weniger als vier Premieren jüngster Provenienz auf dem Programm standen, an der Spitze das stachligste aller bisherigen Schönbergwerke, ist in jeder Beziehung das Gegenteil des von allen Kennern vorausberechneten Fiaskos eingetreten. [...] Bewundernswürdig ist die unbeirrbare Konsequenz dieses Geradeaus-Vorwärtsschreitens, das die Abstraktion einer "Prosa" der bisherigen musikalischen Lyrik entgegenstellt und zweifellos von innerem Müssen zeugt. Wird die Kunstentwicklung um diesen grandiosen Turm der Gedanklichkeit herumgehen und ihn als Kusiosum, als Monument eines edlen Irrtums an ihrem Wege stehen lassen oder von ihm in Zukunft mitbestimmt werden? Die Motive der Zwölftonleiter, die "Grundgestalten", ungleich weniger variabel und plastisch als Motive in der von Halbtönen nur abgeteilten Siebentonleiter, werden in den vier Sätzen, von denen

das Scherzo der zugänglichste ist, in ihrer kontrapunktischen Kunstverwertung auf das äußerste ausgepreßt. Wer die Partitur mit Fleiß studiert hat, hört dies mit Gewinn, aber freilich nur der! [...] Den größten Erfolg des Abends aber errang und verdiente Viktor Ullmann mit einem Oktett für Oboe, Klarinette, Fagott, Horn, Violine, Viola, Violoncello und Klavier, op. 10. Überraschend ist die Formplastik, Gefühlsintensität und farbige Bildhaftigkeit, die hier die moderne Tonsprache erreicht. Im Gegensatz zu den meisten der heute Schreibenden ist die Behandlung der Instrumente, zumeist wirklich aus ihrer technischen Eigenart geholt, wodurch der Klang so viel gesunde Natürlichkeit wiedererhält. Die Wucht der melodischen Unisoni verliert die übliche Kurzatmigkeit und der aparte orchesterhafte Wechsel der Klangfarben in den Kombinationen der Begleitfiguren, die immer phantasiereich individualisiert sind und die thematische Logik, die durchaus das klassische Schema beibehält, erfreuen Gefühl und Intellekt zumindest zu gleichen Teilen. Den Bläsern und Streichern des deutschen Theaterorchesters, die hier an besonderen Schwierigkeiten ihre Qualitäten erweisen konnten, vor allem aber der Hingabe und intuitiven Einfühlungskraft des Kapellmeisters Steinberg, der sich sein Debut als Orchesterdirigent wahrlich nicht leicht gemacht hat, gebührt die höchste Anerkennung. Er unternahm die Wiederholung des Schönberg-Quintetts am Schluß des Abends wirklich und es gab sogar, wenn auch nicht viele, Menschen, die drin blieben.
Oskar Baum, in: Prager Presse, 1. 5. 1926.

In einem Kammerkonzert unter Leitung von Kapellmeister Steinberg gab es etliche Uraufführungen von Tonschöpfungen aus der Werkstatt dreier Kapellmeister des Prager Deutschen Theaters. [...] Auch Victor [!] Ullmanns, des Schönberg-Schülers, Oktett für Oboe, Klarinette, Fagott, Horn, Violine, Viola, Cello und Klavier erwies sich als achtunggebietende Arbeit, immer originell und abwechslungsreich in thematischer, harmonischer und rhythmischer Hinsicht in ihren vier Sätzen, voll Farbe im Instrumentalklang und von auffallender formaler Geschlossenheit. [...]
Edwin Janatschek, in: Zeitschrift für Musik 93.1926, S. 580 f.

"Schönberg-Variationen" (1. Fassung)

Nie hat es so viel Prager Komponisten gegeben wie jetzt. Sie schreiben zwar keine Opern und Symphonien, sondern sie begnügen sich mit Liedern und Klavierstücken. Und wenn sich ein Verein findet, der ihren Produkten den Weg in die Öffentlichkeit bahnt, so wird gleich stolz von "Uraufführungen" gesprochen. Paris hat eine Gruppe der "Sechs"; dem Deutschen Literarisch-künstlerischen Verein in Prag fiel es auch nicht schwer, seinerseits ein solches halbes Dutzend

von Tonsetzern zu mobilisieren. Kein neuer Namen ist freilich darunter. Emil Axmanns Miniaturen "Mähren singt" geben klingenden Reflex der heimatlichen Landschaft. Hippokratische Züge trägt die Muse des gewiß begabten Erich Wachtel. Zu überspannten Intervallen der Singstimme gesellt sich ein anscheinend verstimmtes Klavier, das nichts mit dem Vokalpart zu tun haben will. Auf die Spitze getriebener Expressionismus, der heute schon überwunden ist. Auf diesem Wege geht es nicht weiter. Viktor Ullmann variiert ein Thema von Schönberg, solange Notenpapier vorhanden ist, und er hat noch Vorrat für eine weitausholende Doppelfuge. Rühmenswerte Selbstkritik bewahrt den in diesem Falle nach dem Vorbild Max Regers gestaltenden Komponisten vor Verflachung, die so leichtfließender Produktion zur Gefahr werden könnte. Von Max Brod weiß man, daß er ein heimliches, mehr literarisches Verhältnis für Musik hat. Drei Lieder mehr konservativen Gepräges gaben davon Zeugnis. Ein Komponist, der eigenes zu sagen hat, ist der mimosenhaft nervöse Hans Krása, dessen Gesänge Geschmack, Anmut und Formgefühl bekunden.
Nun heißt es noch zu dem Fall Erwin Schulhoff Stellung zu nehmen. Gegen zweierlei ist endlich einmal entschieden Verwahrung einzulegen: Gegen die Dreistigkeit eines sich auf legitimes Musikantentum berufenden -ff-Journalistenschmuses, der es wagt, eine Künstlerschaft, die der seinigen turmhoch überlegen ist, in einer das Maß zulässiger Kritik unerlaubt überschreitenden Weise ohne Beleg und Begründung anzupöbeln und zu verdächtigen. Ferner gegen den Unfug eines Komponierens, das Barkitsch und Bierulk als ernste Kunst aufschwatzen will. Eine Partita nennt Herr Schulhoff die Aneinanderreihung diverser Fox-, Jazz-, Tango-, Rag- und Shimmy-Rhythmen; das soll neue Musik sein? Es sind nur Improvisationen, wie sie jeder Klavierhumorist seit Jahr und Tag zum Besten zu geben in der Lage war, aber mit gutem Grund nicht aufgeschrieben hat.
Franz Langer hat an diesem Abend die Schwerarbeit vollbracht, sich im Schweiße seines Angesichts zum Dolmetsch dieser Sechs zu machen. Tilly de Garmos unfehlbare Musikalität spottete der Intonationsprobleme, die ihr die Lieder Krásas und Wachtels auferlegten, und Engelbert Czubok stellte seine schöne Stimme in den Dienst der Gesänge Max Brods. Ein geduldiges Publikum applaudierte zu allem.
Felix Adler, in: Bohemia, 18. 5. 1926.

Viktor Ullmann, der jüngst mit seinem Oktett berechtigte Aufmerksamkeit erweckt hat, debütierte mit seinem op. 11, Variationen und Doppelfuge über ein Thema von Arnold Schönberg. Das Thema von Schönberg, einem der Klavierstücke aus Opus 19 entnommen, ist eigentlich nur der Vorwand für die Variationen und es ist wirklich nicht leicht, in den Gebilden, die Ullmann Variationen nennt, das Thema aufzuspüren. Es scheint ihm zeitweise auch der Atem auszugehen, denn mehrere Variationen beginnen, noch ehe die Doppelfuge

das ganze Werk krönt, in figuriertem Stil, um aber bald im Sande zu verlaufen. Erstaunlich bleibt Ullmanns Phantasie in der Ausschrotung der klavieristischen Möglichkeiten des Satzes, in der Anhäufung der technischen Schwierigkeiten, die dem Gesetz der Bewältigung zu widerstreben scheinen. [...] Mit dem Ausdruck uneingeschränkter Anerkennung muß von der Leistung Professor Franz Langers gesprochen werden. [...] Die technische und geistige Arbeit, die er vollbracht hat, insbesondere in dem mit ruppigen Schwierigkeiten vollgepfropften Variationenwerk Ullmanns, haben mit Recht allgemeine Bewunderung hervorgerufen. [...]
Ernst Rychnowsky, in: Prager Tagblatt, 18. 5. 1926.

"Schönberg-Variationen" (2. Fassung)

[Komponistenporträt "Viktor Ullmann, der Lineare" zum Genfer IGNM-Fest]
Von den deutschen Komponisten der Tschechoslowakei ist er der einzige persönliche Schüler Schönbergs. Auch wenn man das nicht weiß, so kann man das aus manchen seiner Kompositionen mit ziemlicher Sicherheit erraten. Die unverkennbare Vorliebe für ein Musizieren im Zwölftonsystem, für streng lineare Polyphonie und für rein konstruktive Kanon-Künste geben einen deutlichen Fingerzeig. Man würde ihm aber sehr unrecht tun, wollte man ihn als einen Schönbergepigonen hinstellen; auch wo seine Herkunft aus dem Kreis um Schönberg unverkennbar ist, gibt es viel Eigenpersönliches, so daß seine Art deutlich hervortritt. Man kann auch in seinen Kompositionen ganz deutlich verfolgen, wie sich immer stärker eine um Theorie unbekümmerte Musizierfreudigkeit durchringt und wie dieses Nicht-Konstruktive ein hervorstechender Wesenszug seiner künstlerischen Persönlichkeit wird. Damit scheidet er natürlich immer mehr aus der Gefolgschaft Schönbergs, dafür findet er um so sicherer den Weg zu sich selbst und es beginnen Quellen seiner reichen Begabung zu sprudeln, die man früher kaum bemerken konnte. Freilich gerade in dem Werk, das für das Genfer Musikfest ausgewählt wurde, "Variationen und Doppelfuge über ein Klavierstück von Schönberg", erkennt man noch die Schönbergschule strengster Observanz, es zeigt übrigens eine Gestaltungskraft und stilistische Geschlossenheit, daß man die Wahl begreift und aufrichtig begrüßt.
Es ist etwa sechs Jahre her, daß Ullmann, der seit 1919 mit einer Unterbrechung in Prag lebt, mit Liedern Aufsehen machte. In weiteren Kreisen bekannt wurde er durch seine Musik zu Klabunds Schauspiel "Der Kreidekreis", die mit ihrer zarten stimmungsvollen Exotik trotz aller Kühnheit viel Anklang fand. Bald darauf trat er mit einem größeren Werk, einer "Symphonischen Phantasie", vor die Öffentlichkeit, ein Werk, aus dem ein starker Formwille spricht, und das offenbart, daß sich der Komponist weite Ziele gesteckt hatte, denen er damals noch nicht ganz gewachsen war. In der Gesamtheit seines Schaffens, wie man es

heute überblicken kann, bedeutet es nicht mehr als eine, wenn auch starke Talentprobe. In seinem folgenden Werk, dem Bläseroktett, dessen bewegte Sätze viel Schwung und Feuer zeigen, kommt zum erstenmal der Temperamentmusiker zum Durchbruch. Mit dem Streichquartett hat Ullmann den ersten Höhepunkt seines Schaffens erreicht. Bei aller Kunst des Tonsatzes macht diese Musik den Eindruck des mühelos Hingeworfenen, wie das eben nur einer starken, ursprünglichen Begabung möglich ist, die ganz aus dem Vollen schafft. Das lustige, volkstümliches Empfinden verratende Scherzo und das zündende Finale mit seinen Walzerklängen sind Stücke von nie versagender Wirkung, so daß man sich nur wundern muß, daß dieses Quartett noch keine weitere Verbreitung gefunden hat. Auch sein neuestes Werk - (eine dreiaktige Oper "Peer Gynt" steht vor der Vollendung), das "Konzert für Orchester", ist als ein glücklicher Wurf zu bezeichnen. Das Eigenartigste daran ist der Humor des letzten Satzes, der vielfach aus dem Klang der in reizvollster Weise solistisch verwendeten Instrumente geboren ist. Für Ullmanns künstlerische Entwicklung bedeutet dieses Werk den Sieg der Natürlichkeit und Frische.
Theodor Veidl, in: Der Auftakt 9.1929, S. 77 f.

[Prag, 1929] Den vor wenigen Wochen gehörten historischen Kompositionen aus Böhmen ließ Dr. Steinhard nunmehr einen Abend junger zum Teil problemerfüllter Musik folgen, an dem drei Uraufführungen gebracht wurden. [...] [Finke, "Der zerstörte Tasso", Krenek, 2. Klaviersonate, Ullmann, "Schönberg-Variationen"] Viktor Ullmanns "Variationen über ein Klavierstück von Schönberg" (aus seinen Klavierstücken op. 19) ist zur Aufführung auf dem heurigen Genfer Musikfest ausersehen; die Vorführung dieses Werkes im Auftaktkonzert darf also als Vorbereitung zu diesem Fest gelten. Ullmann zählt heute bereits zu den bekannten modernen sudetendeutschen Komponisten. Wie er das kurzatmige wenige Takte umspannende amorfe [!] Thema seines Meisters herzhaft angreift und umbiegt, ihm immer eine neue Gestalt und ein neues Gewand gibt, bis zum Schluß das Ganze von einer Doppelfuge gekrönt wird: alle[s] dies ist wieder eine Bekräftigung des hohen Könnens dieses form- und phantasiebegabten Komponisten. Sowohl die Krenek-Sonate als auch Ullmanns Variationen fanden an Prof. Franz Langer einen famosen Interpreten, der seine Persönlichkeit und sein glänzendes Virtuosentum in beiden Werken einsetzte. [...]
Der Auftakt 9.1929, S. 88 f.

Fünftes Auftaktkonzert. Man hörte Uraufführungen von Werken modernster Haltung, in ein Programm gedrängt, das die Horizontweite heutiger Musik fast demonstrativ und dennoch synthetisch betonte. [...] Viktor Ullmanns Variationen über ein Thema von Schönberg (Klavierstück op. 19, Nr. 4) bestätigt, was ich gestern von seinem Talent schrieb [vgl. "Konzert für Orchester"]. Das Werk, mit

absolut schönbergischer Strenge und mit allen Attributen der Umkehrung, des Krebses und der Doppelfuge ausgestattet, ist von einer nicht gewöhnlichen stilistischen Sicherheit, die seine Wahl in das Programm des Genfer Musikfestes berechtigt erscheinen läßt. Auch an ihm erwies sich [Franz] Langer als glänzender Interpret moderner Musik. [...]
Hans Heinz Stuckenschmidt, in: Bohemia, 9. 3. 1929.

[Genf, 1929] Das internationale Musikfest in Genf. [...] Verheißung und Höhepunkt des ersten Konzertes waren die "Fünf Variationen und Doppelfuge über ein kleines Klavierstück von Schönberg" von Victor [!] Ullmann. Der Schüler Schönbergs will zeigen, daß selbst ein musikalischer Aphorismus entwickelt werden kann. Was aber hier herauskommt, ist kein Rechenexempel, sondern gedrängte plastische Musik, die eine starke erfinderische Kraft verrät. Trotz der geschlossenen, klar gebauten Variationenfolge, von denen zwei Gavotte- und Menuettcharakter aufweisen, wird atonale Musik übersprudelndes Leben. Ungemein schwungvoll und farbig war die großartige Wiedergabe durch Prof. Franz Langer von der deutschen Musikakademie in Prag. [...]
Willy Tappolet, in: Neue Zürcher Zeitung, 12. 4. 1929.

[...] Man hörte ein Streichquartett von Julius Schloß (Wien), Schüler Alban Bergs; zartgesponnene Zwölftonvariationen, in sich verloren in konstruktiver Zerfaserung, ohne die fesselnden Hintergründe seiner Vorbilder. Man horchte aber auf, als aus der Feinhörigkeit solcher Stilhaltung heraus plötzlich lebendige, konstruktive Straffung und Kraft erwuchs, wie in dem synthetisch kühnen Werk des deutschböhmischen Komponisten Viktor Ullmann, einer Variationsfolge mit Doppelfuge über ein kleines Klavierstück aus Schönbergs Opus 19. Ein lehrreiches Stück, gleichsam das Dokument einer allgemeinen Wandlung, aus dem charakteristischen Gesamtbild dieses Festes nicht zu lösen; vorzüglich gespielt von dem Prager Pianisten Franz Langer. [...]
Erich Doflein, in: Melos 9.1929, S. 263.

[...] Im Kammerstil, für Klavier schreibend, ist Victor [!] Ullmann am eindringlichsten. Er bekennt sich zu Schönberg; selbst in dem Thema, das er wählt und das ein kleines Klavierstück des Meisters ist. Aber, man möchte es nach allen Erfahrungen kaum glauben: durch die Gebundenheit des Stils der fünf Variationen und Doppelfuge Victor [!] Ullmanns geht lebensspendend der Einfall. Ob er sich immer gerade mit Erfolg in dieser Form betätigen wird, bleibt abzuwarten. Der Klavierspieler Hermann [!] Langer von der Deutschen Musikakademie in Prag

auch als schablonisierend bloßgestellt: durch ein Streichquartett von Julius Schloß. [...]
Adolf Weißmann, in: Die Musik 21.1928/29 (Juni), S. 666 f.

[...] Aus der Schule Schönbergs kam eines der besten Werke des Programms, die Variationen über ein Thema von Schönberg, die der junge Viktor Ullmann aneinandergereiht und prachtvoll gesteigert hat. Das ebenso schwierige wie bedeutende Klavierwerk wurde von Franz Langer aus Prag glänzend gespielt. Eine nicht minder große pianistisch-musikalische Leistung bot Franz Osborn, einer der besonderen Pianisten der neuen Musik, in der Sonate von Berthold Goldschmidt, einem weiteren Werk von Profil. Gegen sie, gegen Ullmann schien die Klaviersonate von John Ireland um Jahrzehnte zurückzuliegen. [...]
Paul Stefan, in: Der Anbruch 11.1929, S. 214.

[...] Aus einer anderen Klangwelt kamen Viktor Ullmanns "Variationen und Doppelfuge über ein Klavierstück von Schönberg", die in ihrer neuen Fassung kürzlich in einem Auftakt-Konzert in Prag uraufgeführt wurden. Die Variationen hatten großen Erfolg. Die prachtvolle Konzentration der Gedanken, die Oekonomie und doch unbewußt auf Klangwirkung gestellte Form des Aufbaues, die Transparenz der Fuge, in deren Verlauf das ganze Schönbergsche Klavierstück wiederkehrt, die Konzessionslosigkeit des Ganzen haben dieser mit starkem Leben durchpulsten Linearität zu einer kräftigen Resonanz verholfen. Allerdings, daß Formplastik und Klarheit, groteske Zwischenspiele und latente Steigerungen sichtbar wurden, dazu gehörte ein Klavierspieler vom Range Franz Langers, der durch diese Interpretation, die bei aller kristallenen Durchsichtigkeit stark geistig und temperamentvoll war, in die vorderste Reihe der heutigen Pianisten aufgerückt ist.
Erich Steinhard, in: Der Auftakt 9.1929, S. 112.

[Berlin, 1930] [...] Neue tschechoslowakische Komponisten serviert uns die Internationale Gesellschaft für Neue Musik. Unter den hier unbekannten ist Miroslav Ponc der schwächste. Seine fünf Klavierstücke, seine übers Private nicht hinausgehenden Akrosticha kopieren den Stil des mittleren Schönberg, ohne ihn zu erweitern. Daß die Entwicklungsmöglichkeit besteht, wird in Ullmanns bedeutenden Variationen über ein Schönbergthema bewiesen ... Das Beste, was der Abend zu bieten hat, trotz Burian, Ullmann und Karel Hába, ist die Kunst des Pianisten Franz Langer, eines Spielers von wirklich hohem Rang, erstaunlichem Gedächtnis, modernster Disziplin. [...]
Hans Heinz Stuckenschmidt, in: BZ am Mittag, 31. 1. 1930.

[Frankfurt/M., 1930] Zweiter Abend der Internationalen: vorab das "Werk für ein und zwei Klaviere" von Wladimir Vogel [...]. Danach die Klaviervariationen von Viktor Ullmann über das vierte Klavierstück aus Schönbergs opus 19; nicht so gut wie ihr Ruf; ihr Thema mehr in wechselnden Charakteren umschreibend als in kompositorischem Angriff eindringend; in der Schlußfuge wenig plastisch; vor allem aber bemüht, den unwiederholbaren wilden Angriff jenes Stückes durch Wiederholung und chromatisch-harmonische Deutung ins Harmlose umzubiegen; allerdings hübsch gesetzt und einfallsreich. [...]
Theodor Wiesengrund-Adorno, in: Die Musik 22.1929/30 (April), S. 536. Wieder abgedruckt in: Adorno, Gesammelte Schriften. Bd. 19. Musikalische Schriften VI. Hrsg. R. Tiedemann und K. Schultz. Frankfurt/M. 1984, S. 174 f.

[Prag, 1931] Zeitgenössische Musik in Prag. Von verschiedenen Bezirken heutigen musikalischen Denkens erstreben und gewinnen die Autoren des Kompositionsabends in der "Urania" ihre Physiognomie. Durchaus zentraleuropäisch im Empfinden sind die drei Deutschen Finke, Toch und Ullmann, von denen die erstgenannten sich der polyphonen Bauweise der jungen Generation anschließen, während der jüngste von ihnen, Viktor Ullmann, konsequent den Stil seines Meisters Schönberg weitergestaltet. [...] Vorher [d.h. vor Finkes "Concertino" für zwei Klaviere] hörte man Viktor Ullmanns bekannte "Variationen und Doppelfuge über ein kleines Klavierstück von A. Schönberg", eine der feinsten Schöpfungen der modernen Klavierliteratur, man muß sagen, daß er sich durch dieses logisch gebaute konzessionslose Stück einen ehrenvollen Platz in der Nähe Alban Bergs und Anton von Weberns gesichert hat. Die Kraft dieser Variationen bleibt ein Dokument für den Zeitstil, wie das meisterhafte plastische Spiel Franz Langers, der seine unvergeßliche Leistung im Genfer Konzerthaus hier womöglich noch überboten hat. [...]
Erich Steinhard, in: Der Auftakt 11.1931, S. 262.

Erstes Streichquartett

Das Streichquartett von Hans Krása, 1921 komponiert, ist ein ungemein zartes, von reizvollen Klangkombinationen beherrschtes Gebilde, das mit disziplinierter Strenge der Form eine vollkommen frei vagierende, mit Aufrichtigkeit genußsüchtige, echt musikantische Phantasie vereint. Das Schlagwort von der Nicht-Romantik der modernen (atonalen) Musik trifft hier nicht im mindesten zu. Vielmehr fühlt man, wie ein beschwingter Geist sich allem Sachlich-Nüchternen, dem Alltag entzieht und bald in süßen, von Seele und Gefühl durchleuchteten Tönen schwelgt, bald in kurzen, durch die Ausführungsvorschrift "sfacciato"

("frech") charakterisierten Seitensätzen dieses Gefühl gewaltsam zurückdrängt, was wiederum in der Kategorie der "romantischen Ironie" einzureihen ist. [...] Die zweite Abteilung des Konzertes brachte zwei Uraufführungen aus dem Manuskript. Fidelio Finkes Cellosonate - Ein Wagnis. Seit Bachs Solosonaten ist es nur selten versucht worden, ein einzelnes Streichinstument ohne Begleitung vorzuführen. [...] Alle Möglichkeiten einer virtuosen Beherrschung des Instruments sind ausgenützt, und man muß schon ein Meisterspieler sein wie Maurits Frank, um die stupenden Schwierigkeiten zu bewältigen. [...] Es ist überhaupt die Technik der variierenden Wiederholung, durch die Finke trotz der Begrenzung auf das Lineare Wirkungen erzielt, die sonst dem polyphonem Satz vorbehalten scheinen. Hier gibt es Ausblicke in künstlerisches Neuland. [...] Stand man anfangs dem Phänomen einer modernen Solosonate skeptisch und gleichsam mit sportlichem Interesse gegenüber, so wurde man schnell überzeugt, daß hier wirklich etwas Ganzes und Gutes geschaffen ist. Man wird dem Werk wohl von nun an im Konzertsaal öfters begegnen.
Viktor Ullmann ist ein Komponist von echtem Blut und echtem Temperament. Das war schon nach seiner Bühnenmusik zum "Kreidekreis" offenbar, wurde durch das vorjährige Werk für Bläsersoli erfreulich bekräftigt, und das neue Streichquartett stellt eine neue Entwicklungsstufe dieser durchaus natürlichen, scheinbar mühelos schöpferischen Begabung dar. Zumindest ist dem Werk bei all seiner Komplikation kein Schweiß, nur reinste Lust anzumerken. Und obwohl es auf Nerven traf, die durch die schwierigen Stücke dieses Abends einigermaßen erschöpft sein durften, war es ein voller Erfolg. Der klare Bau des Anfangssatzes, in dem die Fugati und Unisoni einander ablösen, die lustige, südländisch ungebundene Straßenszene, die man im Scherzo vermutete, das Schlußrondo mit seiner glanzvollen Walzerfreude - all das geht leicht zu Herz und Sinn. Belehrung: die atonale Musik muß, zumal in der ausgleichenden Durchführung durch Streicher (und vor allem bei so vorzüglicher Besetzung, wie sie das Novák-Frank-Quartett bot) nichts Gekünsteltes, nichts Exprimentelles mehr an sich haben. Sie hat uns, wir haben sie erobert. Man mag es so oder so ausdrücken. Jedenfalls gebührt dem literarisch-künstlerischen Verein Dank, der zu einem unentbehrlichen Faktor des Prager Kunstlebens wird. Veranstaltungen, die kein Geschäft, aber für den künstlerischen Fortschritt wichtig sind, bilden sein Monopol.
Max Brod, in: Prager Tagblatt, 29. 5. 1927.

Ein Kreis junger Prager deutscher Tonsetzer (der der "Internationalen Musikgesellschaft" angegliedert ist) veranstaltet jährlich zwei bis drei Konzerte, die den Stil dieser Gruppe, die nur durch Jugend und Radikalismus zusammengehört, kennzeichnet. Die Namen sind zumeist durch die alljährlichen Musikfeste bekannt geworden. [...] Hans Krása und Viktor Ullmann zeigten Streichquartette

[...]. Ullmanns müßte sich endlich ein Verleger annehmen, er ist mit diesem Quartett längst kein Schönbergschüler mehr, sondern ein Künstler, der wohl durch die Grammatik seines Lehrers hindurchgegangen ist, aber souverän und mit außerordentlichem Sinn für die Wirklichkeit musiziert und mit großer Leidenschaft bei lapidarer Klarheit ein Werk hinstellt, dessen Plastik sich jedem Zuhörer mitteilt und dessen Durchführungen eben durch die Anschaulichkeit der Ideen und die Prägnanz des Aufbaus jeden Musiker intensiv zu fesseln vermögen. [...] Das Novak-Frank-Quartett, heute eine der begabtesten Vereinigungen für die Wiedergabe zeitgenössischer Musik, spielte virtuos und hatte einen Beifall, der bei der sonstigen Begriffsstutzigkeit des Pragers für die Moderne geradezu verblüffte.
Erich Steinhard, in: Der Auftakt. 7.1927, S. 186 f.

Konzert für Orchester

[Prag, 1929] Die Reihe der Konzerte, die H.W. Steinberg während dieser Saison im Deutschen Theater veranstaltete, hat ihren Abschluß gefunden. Man stellt mit Freude fest, daß der Erfolg des Zyklus alle Erwartungen übertroffen hat. Jedes der vier Konzerte, an deren Fortführung sich noch vor Jahresfrist schwerste finanzielle Bedenken knüpften, ist glänzend besucht gewesen, die "Neunte" mußte sogar wiederholt werden. Der kluge Gedanke, kunstliebende Vereinigungen (Kulturverband, Bankbeamtenverein) zur Abnahme einer großen Zahl von Sitzen zu veranlassen, hat sich glänzend bewährt. Hoffen wir, daß sich für die nächste Spielzeit eine ähnliche Lösung finden läßt, die diesem wichtigen Faktor im Prager Musikleben wirtschaftliche Grundlagen sichert.
Das Programm des gestrigen Konzertes brachte erfreulicherweise eine Uraufführung von Gewicht: Viktor Ullmann, unter den jüngeren einheimischen Komponisten ohne Zweifel eines der stärksten Talente, stellte sein Konzert für Orchester zur Debatte. Der junge Musiker führt den Adelsbrief der Schönberg-Gefolgschaft mit sich. Man spürt diese Schulung in der Typik ihrer Polyphonie, in der Tendenz auch des Klangwillens, der allerdings die Grenzsphäre der Georgelieder kaum überschreitet, mit seiner tonalen Freiheit, seiner starken Neigung zu vagierenden Akkorden, aber unverkennbar ist. Von den drei Sätzen weist vor allem der erste solche Merkmale auf; das klassische Prinzip des konzertanten Stiles ist hier fast völlig aufgegeben. Schon in Bewegung und Charakter weicht dieses Adagio der Vorstellung instrumentalen, lebendigen Wetteifers kühn aus, setzt es an seine Stelle gleichsam reflektorische orchestrale Unterhaltungen und belebt sie weniger durch Plastik als durch Farbigkeit der streng entwickelten Themen. Der zweite Satz führt diesen Stil fort, hebt ihn aber gleichzeit in das helle Licht einer äußerst skurilen Scherzostimmung, die sich eine im höchsten Grade bewundernswerte

Orchestersprache dienstbar gemacht hat und Klangfarben aufleuchten läßt, deren Beherrschung genialen Intrumentierinstinkt beweist. Im überlieferten Sinne konzertant ist eigentlich nur der letzte Satz, der auch klanglich sich streckenweise ganz von der schönbergischen Sprache entfernt und in der Schlußkadenz durch ein (fast als Witz wirkendes) reines Es-Dur überrascht. Der Satz, auf ein durch Soloflöte eingeführtes Thema aufgebaut, ist frei in Variationen entwickelt, von denen ich ohne Kenntnis der Partitur etwa zwölf feststellen konnte und in denen strenge polyphone Bildungen vorherrschen. Als Ganzes wirkt die Partitur einfallsreich, durchgeistigt und dabei launig im besten Sinne des Wortes; bei aller Neuheit der Tonsprache gehört sie nicht zu den modernen Werken revolutionären Charakters. Und es sprach für ihre schöpferische Intensität, wenn sie gegen die elementare Leidenschaft von Mahlers "Sechster" nicht abfiel. Daß Steinberg diese selten gespielte Symphonie, man möchte sagen: ausgegraben hat, sei ihm hoch angerechnet. Seinem Temperament, seiner hinreißenden Musizierfreude kommt sie aufs beste entgegen, und wie er sie aufbaut, das ist (alle kleinen Verstöße gegen Mahlers Notation und einige Derbheiten der Dynamik zugegeben) wirklich großartig. Den reichsten Eindruck vermittelte mir der Scherzosatz, dessen wuchtige Energie im Charakter herrlich wiedergegeben wurde. Das Orchester spielte mit großer Hingabe und wurde den Schwierigkeiten des Ullmann-Konzertes mit bewundernswerter Sicherheit gerecht.
Hans Heinz Stuckenschmidt, in: Bohemia, 8. 3. 1929.

Viertes philharmonisches Konzert. Ausverkauft. Ein Erfolg Steinbergs auf der ganzen Linie. Eine Uraufführung. Ullmanns Konzert für Orchester. Von den jungen sudetendeutschen Komponisten ist Ullmann der ungezwungenste, frischeste. Die Einfälle quellen ihm in Fülle zu, seine Formbeherrschung zwingt sie souverän in erfreulich durchsichtigen Klang. Diese seine besondere Tugend kommt in dem neuen Werk ganz besonders zur Geltung, denn die solistische Behandlung der einzelnen Instrumente und Instrumentalgruppen läßt die Themen in glitzernder Deutlichkeit hervortreten. Drei Sätze, der erste versonnen, träumend, zur Tragik aufwuchtend, die sogar in diesem sparsamen Orchester einen Orkan entfesselt, - das Scherzo spielt mit kleinen Till-Eulenspiegeleien, sogar die Celesta macht Witze, ein Waldhornmotiv gleitet ins Xylophon hinüber, Tambourin und Kastagnetten markieren den Rhythmus. Man wird bei der chinesischen Gravität dieser kleinen Schritte an eines der ersten Werke Ullmanns gemahnt, seine Bühnenmusik zum "Kreidekreis". Der dritte Satz bringt Variationen. Klare Thematik, die Wiederholung von vier gleichen Tönen zeigt sofort ein unverkennbar charakteristisches Gesicht, reizvolle Triolen umspielen bald den Grundeinfall, er wird zerfetzt, von den Posaunen wild in der Luft herumgeschwungen, schließlich mündet alles in ein Pomposo der Bläser, das effektvoll den Sieg entscheidet. Die Wiederherstellung der reinen einfachen Tonart nach all

den Schönbergschen Zwölfton-Ausweichungen gibt dem ganzen Werk einen Anstieg aus Problembelastung ins Unproblematische, aus dem Gedankvollen ins unbeirrbar fröhliche Gefühl. Steinberg fand für die zart dissonanten Klänge des Anfangs, für all die Spässe, wie für den integralen Schluß die temperamentvollste Ausdeutung. Der Erfolg war ehrlich. Glücklicherweise fehlten auch die Zischer nicht, so daß allgemein klar wurde, daß es sich um ein wirklich originelles und wertvolles Werk handelt. [...]
Max Brod, in: Prager Tagblatt, 8. 3. 1929.

Das Programm war an sich schon und zumal im Hinblick auf den festlichen Anlaß sehr glücklich gewählt. Neben dem berühmtesten Vertreter, den die deutsche Musik der Tschechoslowakei je in das unpolitische europäische Konzert entsandte, Gustav Mahler, kam die junge Komponistengeneration durch eine ihrer kräftigsten Begabungen zur Geltung, den aus Schlesien stammenden, in Prag schon wohlakkreditierten Viktor Ullmann. Sein Konzert für Orchester gehört zu jenen Werken, deren Klangphantasie in natürlicher Abkehr von der Schönbergschen Orthodoxie wieder das Ohr und den Instinkt über die Hirnarbeit setzen. Zunächst freilich noch mehr rhythmisch als melodisch, aber Stimmung, Bausymetrie [!], kommen wieder zu ihrem Recht und es erweist sich durchaus, daß die Eroberung musikalischen Ausdrucksgebiets durch Schönberg auf triebhaft musikantische Weise fruchtbar gemacht werden kann. Der schlichte vollgriffige Es-Dur-Schluß wächst ungesucht aus der stellenweise sehr radikalen und kühnen Tonsprache heraus. Der problemerfüllte erste Satz noch nicht ganz, aber das einfallsfrische farbig instrumentierte Menuett mit dem behaglich ironischen Trio und am stärksten die konzentrierte Kombinationsfülle der Variationen im dritten Satz enthüllt die Eigenkraft Ullmanns, auf dessen in Vorbereitung befindliche Oper "Peer Gynt" man große Hoffungen setzen darf. [...] H.W. Steinberg hatte einen seiner ganz ekstatischen Abende, der Gefühlsmacht des Mahlerschen Werks angemessen, eine Ekstase bei klarem Kopf, von der eine gewaltige Suggestion auf Musiker und Hörer ausgeht. Er hat für die rhythmisch und klanglich kapriziöse Musik Ullmanns ebenso die spitzfingrige Technik wie für die monumentalen episch-dramatischen Klangbegebenheiten Mahlers. [...]
Oskar Baum, in: Prager Presse, 9. 3. 1929.

[Frankfurt/M., 1930] Ein Museumskonzert mit stärksten symphonischen Akzenten. Ein Abend - der siebente in der Reihe der Freitagskonzerte -, der mit Programm und Wiedergabe auf die wirklich Musikempfänglichen tief einwirken mußte. An seinem Beginn, als reichsdeutsche Uraufführung, die erste Symphonie von Viktor Ullmann. Ein erster Anlauf des 32jährigen Deutschböhmen zur Eroberung des großen Formats; in drei Sätzen; ausgehend von der linearen Polyphonie Schönbergs, auf die der melodische Quartenschritt noch besonders

hinweist, doch bestrebt, diese im Keime kammermusikalische Technik einschließlich der Tendenzen Schönbergs zu einer Melodik der Instrumentalfarben aus dem Dogma in musikantisches Spiel zu lösen, so daß man sie "nicht merkt". Ullmann hat bedeutende Einfälle, nicht zuletzt auch grotesker Art; er kann außerordentlich viel. Er schreibt einen durchaus transparenten Satz, der für sich und aus sich singt, der Konzentration und Sinnfälligkeit vereint, so daß, wer Ohren hat zu hören, ihn jedenfalls verstehen kann. Ob man das Stück als Symphonie anerkennen will oder nicht, ist eine Frage zweiter Ordnung gegenüber seiner offenkundigen Wirkung als weiteres bedeutendes Dokument dieser neuerdings wiederholt hervorgetretenen Begabung [...] Die Aufführung des Ullmann war schon eine hervorragende Leistung des Dirigenten Hans Wilhelm Steinberg und des dort in Gruppen und Einzelcharakteren aufs Feinste differenzierten Orchesters. Die Aufführung des Mahler aber brachte, entsprechend dem größeren Kaliber des Werks, noch eine erhebliche Steigerung der reproduktiven Gesamtleistung. Das Publikum schien überwiegend gespannt. Einige Pfiffe nach dem Ullmann wollen nichts besagen; es kommt ja immer darauf an, wer pfeift. Auch das Fortlaufen einiger Besuchergruppen mitten im Mahler ist nur unter dem Gesichtspunkt geistiger Einsicht und menschlichen Taktes zu begreifen. [...]
Karl Holl, in: Frankfurter Zeitung, 25. 1. 1930.

[...] Im Museum ebenfalls Ullmann, eine erste Sinfonie, die Sinfonietta heißen könnte, aber besser als das Variationenwerk ["Schönberg-Variationen"] ist, mit guten Themen, instrumental gehört, harmonisch freilich im Grunde leittönig und darum in der komplexen Schichtung der Akkorde nicht durchwegs überzeugend; stilistisch etwa an Eisler orientiert, doch zunächst ohne dessen grimmigen Impetus; immerhin durch Schönberg erfreulich geschult. [...]
Theodor Wiesengrund-Adorno, in: Die Musik 22.1929/30 (April), S. 537.

Sieben Serenaden

[Das Studienkonzert des Süddeutschen Rundfunks] beginnt wieder mit einer Analyse der aufgeführten Werke durch Dr. Wiesengrund-Adorno. Das Programm gibt zuerst eine Invention für kleines Orchester von Ernst Pepping, dem 30jährigen Rheinländer. Der Prager Viktor Ullmann, von dem Gisela Derpsch sieben Serenaden mit Begleitung von zwölf Instrumenten singt, erregte - dazu dienen eben diese Veranstaltungen - zuerst vor zwei Jahren bei einem Musikfest in Genf einiges Aufsehen, wo seine Klaviervariationen über ein Stück von Schönberg gespielt wurden. Das Frankfurter Opernhausorchester führte vor einiger Zeit seine Sinfonie auf.
Südwestdeutsche Rundfunk-Zeitung, 7.1931, Nr. 25 (21. Juni).

2. Bibliographisches Verzeichnis der Quellen

Zeitungen

Aussiger Tagblatt
Berliner Zeitung (BZ) am Mittag
Deutsche Zeitung Bohemia (Bohemia)
Frankfurter Zeitung
Neue Zürcher Zeitung
Prager Montagsblatt
Prager Presse
Prager Tagblatt

Zeitschriften

Der Anbruch
Der Auftakt
Melos
Die Musik
Neue Musikzeitung
Signale für die musikalische Welt
Zeitschrift für Musik

Andere Quellen

Deutsches Musiker-Lexikon. Hrsg. von Erich H. Müller. Dresden 1929 (im folgenden Verzeichnis zitiert als *DML*)
Riemann Musik-Lexikon. Berlin 11/1929 (mit abweichender Opus-Zählung im folgenden Verzeichnis zitiert als *RL 1929*)
Vladimír Helfert/Erich Steinhard, Die Musik in der tschechoslowakischen Republik. Prag 2/1938 (im folgenden Verzeichnis zitiert als *H.-St.*)
Brief von Viktor Ullmann an Dr. Karel Reiner vom 25.8.1938. Prag, Privatbesitz (im folgenden Verzeichnis zitiert als *Reiner*)

3. Verzeichnis der verlorenen Kompositionen
Chronologisch-bibliographischer Überblick

Als Quelle (Q) werden die von Ullmann selbst angefertigten Werkverzeichnisse angegeben (Abkürzungen s. S. 94)

Drei Männerchöre a cappella
1919
Q: RL 1929.
Zusätzliche Angabe: op. 1.

Sonate für Violine und Klavier, op. 1
1920
Q: DML; H.-St., S. 368; Reiner.
Titelfassung in H.-St.: *Sonate für Violine und Klavier op. 1. MS. 1920.* - In Reiner: *Sonate für Violine und Klavier.* Zusätzliche Angabe: *Unaufgeführt.*

Lieder mit Orchester
1921
Q: DML.

Abendlied
1922
Q: DML.
Titelfassung in DML: *Abendlied (Claudius) für Chor, Soli, Orchester. 1922.*

Sieben Lieder mit Klavier
1923
Q: DML.
Titelfassung in DML: *Lieder mit Klavier. 1923.* Zusätzliche Angaben: *Uraufführung: 1924. Prag. Musikfest der IGfNM.*

1. Streichquartett, op. 2
1923
Q: DML; H.-St., S. 375; Reiner.
Titelfassung in DML: *Streichquartett. 1923.* Zusätzliche Angaben: *Uraufführung: 1927. Prag. (Novák-Franck-Quartett).* - In H.-St.: *1. Streichquartett op. 2. Ms. 1923.* Zusätzliche Angabe: *Uraufführung 1927.* - In Reiner:

1. Streichquartett. Aufführungsorte: *Prag, Brünn* [Aufführung in Brünn nicht nachgewiesen].

Sieben Lieder mit Kammerorchester
1924
Q: DML.
Titelfassung in DML: *Lieder mit Kammerorchester. 1923.* Zusätzliche Angaben: *Uraufführung: 1924. Prag.*

Symphonische Phantasie
1924
Q: DML.
Titelfassung in DML: *Solokantate für Tenor und Orchester. 1924.* Zusätzliche Angaben: *Uraufführung: 1925. Prag.*

Oktett, op. 3
1924
Q: DML; H.-St., S. 379; Reiner.
Titelfassung in DML: *Oktettino. 1924.* Zusätzliche Angaben: *Uraufführung: 1926. Prag. (Dirigent: Steinberg).* - In H.-St.: *Oktett op. 3. Ms. 1924.* Zusätzliche Angabe: *Uraufführung 1927* [!]. In Reiner: *Oktett.* Aufführungsorte: *2 in Prag.*

Bühnenmusik zu "Der Kreidekreis" von Klabund
1924
Q: DML.
Titelfassung in DML: *Musik zu Klabunds "Der Kreidekreis". 1925.* Zusätzliche Angaben: *Uraufführung: 1925. Prag. Neues deutsches Theater.*

Variationen und Doppelfuge über ein kleines Klavierstück von Schönberg, 1. Fassung
1925
Q: DML; H.-St., S. 387; Reiner.
Titelfassung in DML: *5 Variationen und Doppelfuge für Klavier* [o.J.]. Zusätzliche Angaben: *Uraufführung: 1926. (Franz Langer).* - H.-St. trennte Klavier- und Orchesterfassung (op. 5) nicht. Beide Fassungen wurden im Verzeichnis "Orchestermusik" wie folgt subsummiert: *Variationen und Doppelfuge über ein kleines Klavierstück von Schönberg. 1925.* Zusätzliche Angaben: *Uraufführung: 1929. Emil Hertzka-Preis 1934. U.E.* [!] - In Reiner: *Schönberg-Variationen.*

Aufführungsorte: *Musikfest Genf 1929, ca. 6 Auff. in Prag, 1 in Wien, Berlin, kommt in London* [Aufführung in London nicht nachgewiesen].

Konzert für Klarinette und Kammerorchester
1925
Q: O. Baum, in: Der Auftakt 5.1925, S. 136.
("Ein Konzert für Klarinette und Kammerorchester steht vor der Vollendung.")

Trio für Holzbläser
1926
Q: RL 1929.
Zusätzliche Angabe: *op. 10*.

Konzert für Orchester, op. 4
1928
Q: DML; Reiner.
Titelfassung in DML: *Konzert für Orchester. 1928.* Zusätzliche Angaben: *Uraufführung 1929. Prag. (Dirigent: Steinberg)* - In Reiner: *Symphonietta*. Aufführungsorte: *Prag, Frankfurt a.M.*

Oper "Peer Gynt"
1927-1929
Q: DML.
Titelfassung in DML: *Peer Gynt. Oper. 1927-29*.

Sieben Serenaden, op. 6
1929
Q: DML; H.-St., S. 327; Reiner.
Titelfassung in DML: *7 kleine Serenaden für Gesang und 12 Instrumente. 1929.* - In H.-St.: *7 Serenaden für Gesang und Kammerorchester op. 6. Ms. 1929.* Zusätzliche Angabe: *Uraufführung 1930.* - In Reiner: *7 Serenaden für Gesang und 12 Instrumente.* Aufführungsorte: *Frankfurt a.M., Prag.*

97

4. Zeitgenössische Komponisten und ihre Werke in den Prager Ullmann Konzerten

AXMANN, Emil (1887 - 1949)
"Mähren singt" für Klavier
Vgl. "Schönberg-Variationen", S. 47

BROD, Max (1884 - 1968)
Vier Lieder
Vgl. "Schönberg-Variationen", S. 47

FINKE, Fidelio F. (1891 - 1968)
"Romantische Suite" für Klavier
Vgl. Sieben Lieder, S. 20

ders.
Trio für Klavier, Violine und Violoncello
Vgl. Sieben Lieder, S. 25

ders.
"Der zerstörte Tasso", für Sopran und Streichquartett
Vgl. "Schönberg-Variationen", S. 50

ders.
Sonate für Violoncello solo
Vgl. 1. Streichquartett, S. 58

GEBERT, Ewald
Drei Lieder für Sopran und Streichquintett
Vgl. Oktett, S. 41

JIRÁK, Karel Boleslav (1891 - 1972)
Divertimento für Violine, Viola und Violoncello, op. 28
Vgl. 1. Streichquartett, S. 58

KRÁSA, Hans (1899 - 1944)
Streichquartett
Vgl. 1. Streichquartett, S. 58

ders.
Lieder mit Klavier
Vgl. "Schönberg-Variationen", S. 47

KRENEK, Ernst (1900 - 1991)
"Symphonische Musik" für neun Soloinstrumente, op. 11
Vgl. Sieben Lieder, S. 25

ders.
2. Klaviersonate, op. 59
Vgl. "Schönberg-Variationen", S. 50

MAHLER, Gustav (1860 - 1911)
6. Symphonie in a-Moll
Vgl. Konzert für Orchester, S. 63

SCHIMMERLING, Hans (1900 - 1967)
"Miniaturen" für Kammerorchester, op. 14
Vgl. Sieben Lieder, S. 25

ders.
"Die Kirschblüte". Acht Gesänge nach Gedichten von O.E. Hartleben. Für großes Orchester und Bariton-Solo
Vgl. "Symphonische Phantasie", S. 33

SCHÖNBERG, Arnold (1874 - 1951)
[Bläser-] Quintett, op. 26
Vgl. Oktett, S. 41

SCHULHOFF, Erwin (1894 - 1942)
1. Sonate für Klavier
Vgl. Sieben Lieder, S. 25

ders.
Variationen für Klavier
Vgl. Sieben Lieder, S. 25

ders.
32 Variationen über ein eigenes Thema für Orchester
Vgl. "Symphonische Phantasie", S. 33

ders.
Partita für Klavier
Vgl. "Schönberg-Variationen", S. 48

SINGER, Georg(e) (1906 - 1980)
Drei Klavierstücke. Präludium, Variationen und Humoreske
Vgl. Oktett, S. 42

WACHTEL, Erich (1898 -
Lieder für Sopran und Klavier
Vgl. "Schönberg-Variationen", S. 47

WEIGL, Bruno (1881 - 1938)
Fünf Gesänge für Bariton und Klavier, op. 22
Vgl. Sieben Lieder, S. 25

WILLNER, Arthur (1881 - 1959)
"Von Tag und Nacht" für Klavier, op. 24
Vgl. Sieben Lieder, S. 20

ZEMLINSKY, Alexander von (1871 - 1942)
Vier Lieder
Vgl. Sieben Lieder, S. 20

Personenregister

Adler, Felix 11, 46, 47, 48, 77, 79, 81, 83
Adler, Hans Günther 8
Adorno, Theodor W. 54, 64, 72, 88, 93
Aeschylos 31
Ansorge, Conrad 42
Axmann, Emil 47, 83, 98
Baum, Oskar 11, 41, 63, 65, 66, 67, 70, 76, 82, 92, 97
Beethoven, Ludwig van 39
Berg, Alban 24, 39, 40, 52, 54, 56, 57, 62, 72, 86, 88
Blech, Leo 32
Braun, Felix 34, 35, 36, 79, 80
Brod, Max 11, 47, 58, 59, 60, 64, 65, 66, 83, 89, 92, 98
Burian, Emil František 87
Claudius, Matthias 12, 19, 48, 95
Czubok, Engelbert 83
Debussy, Claude 23, 32, 54
Demetz, Hans 78
Derpsch, Gisela 71, 93
Doflein, Erich 86
Ehm, Hermann 76
Eisler, Hanns 15, 71, 93
Fellner, Franz 38, 79, 80
Finke, Fidelio 20, 23, 24, 25, 42, 47, 50, 54, 58, 62, 75, 76, 80, 85, 88, 89, 98
Forrai, Olga 21, 25, 75, 76
Frank, Maurits 89
Garmo, Tilly de (Mathilde Zweig) 26, 39, 77, 83
Gebert, Ewald 41, 98
Goldschmidt, Berthold 87
Goossens, Eugene 29, 78
Grab-Kernmayr, Hedda 8

Grillparzer, Franz 31
Hába, Alois 8
Hába, Karel 87
Hafis 26, 27, 77
Hartleben, Otto Erich, 33, 80, 99
Helfert, Vladimír 70, 94
Henschke, Alfred (Klabund) 7, 28, 29, 30, 31, 78, 84, 96
Hertzka, Emil 55
Hindemith, Paul 54
Hofmannsthal, Hugo von 31
Holl, Karl 66, 93
Honegger, Arthur 23
Huttig, Alfred 30
Ibsen, Henrik 69, 71
Ireland, John 87
Jalowetz, Heinrich 17, 56, 57
Janatschek, Edwin 78, 82
Jirák, Karel Boleslav 58, 98
Klabund s. Henschke, Alfred
Kestenberg, Leo 8
Klemperer, Otto 32
Kolisko, Robert 31
Komregg, Hans 38, 79
Krämer, Salo 9
Krása, Hans 47, 58, 62, 83, 88, 89, 98
Krauss, Clemens 67
Krenek, Ernst 25, 50, 77, 85, 99
Krieger, Liese 78
Labé, Louise 26, 27, 77
Laber, Louis 81
Langer, Franz 7, 21, 49, 50, 53, 75, 76, 83, 84, 85, 86, 87, 88, 96
Latzko, Emil 55
Ludvová, Jítka 10, 11
Mahler, Alma 57

Mahler, Gustav 21, 25, 28, 32, 39, 58, 63, 67, 75, 76, 78, 91, 92, 93, 99
Maugham, William Somerset 29, 78
Meyer, Conrad Ferdinand 8
Milhaud, Darius 23
Morini, Erika 33, 79
Mozart, Wolfgang Amadeus 20, 33, 38, 67, 75, 79
Muck, Karl 32
Müller, Erich Hermann 94
Neumann, Angelo 32
Osborn, Franz 87
Ostrčil, Otokar 56, 57
Pepping, Ernst 71, 93
Polnauer, Josef 7, 15
Ponc, Miroslav 54, 87
Ravel, Maurice 23
Reger, Max 23, 32, 47, 83
Rilke, Rainer Maria 77
Rychnowsky, Ernst 11, 41, 48, 49, 80, 81, 84
Schächter, Rafael 8
Schalk, Franz 32
Schiller, Friedrich 31
Schimmerling, Hans 25, 33, 36, 38, 77, 78, 79, 80, 99
Schleissner, Leo 11, 76
Schloß, Julius 86
Schmeidel, Hermann von 51
Schönberg, Arnold 7, 8, 11, 12, 13, 15, 16, 17, 18, 19, 21, 22, 23, 24, 25, 32, 36, 37, 40, 41, 42, 44, 45, 46, 47, 48, 49, 50, 51, 52, 53, 54, 55, 56, 58, 59, 60, 61, 64, 65, 66, 68, 70, 71, 75, 76, 77, 80, 81, 82, 83, 84, 85, 86, 87, 88, 90, 91, 92, 93, 96, 98, 99, 100
Schulhoff, Erwin 25, 33, 38, 48, 76, 78, 79, 80, 83, 99

Singer, Georg 42, 100
Smetana, Bedřich 24
Stefan, Paul 87
Steffen, Albert 8, 51
Steinberg, Hans Wilhelm 44, 51, 62, 67, 71, 82, 90, 91, 92, 93, 96, 97
Steiner, Rudolf 7
Steiner-Kraus, Edith 8
Steinhard, Erich 11, 47, 50, 51, 53, 59, 60, 64, 66, 70, 71, 77, 80, 85, 87, 88, 90, 94
Stekel, Erich 77
Steuermann, Eduard 7, 16, 17, 23
Strauß, Johann 25, 76
Strawinsky, Igor 42, 43, 81
Stuckenschmidt, Hans Heinz 11, 53, 63, 64, 65, 66, 86, 87, 91
Szymanowski, Karol 23, 26
Tagore, Rabindranath 26, 77
Tappolet, Willy 86
Tiessen, Heinz 41
Toch, Ernst 54, 88
Trakl, Georg 26, 77
Travnicek, Josef 15, 19
Ullmann, Anna, geb. Winternitz 8
Ullmann, Elisabeth, geb. Frank 8, 9
Ullmann, Malwine, geb. Billitzer 7, 16
Ullmann, Martha geb. Koref 7, 9, 16, 18
Ullmann, Max (Sohn) 8
Ullmann, Maximilian (Vater) 7, 15, 16, 17
Utitz, Emil 8
Veidl, Theodor 37, 59, 60, 70, 85
Villon, François 8, 31
Vogel, Wladimir 54, 88
Wachtel, Erich 47, 62, 83, 100
Wallerstein, Konrad 55, 56
Webern, Anton von 18, 24, 54, 88

Wegner, Armin T. 76
Weigl, Bruno 25, 76, 77, 100
Weißmann, Adolf 87
Werfel, Franz 80
Wien-Claudi, Herta 80
Willner, Arthur 20, 23, 75, 100
Windholz, Walter 8
Zemlinsky, Alexander von 7, 17, 18,
    20, 22, 23, 24, 26, 28, 31, 32,
    38, 39, 42, 44, 51, 56, 62, 75,
    78, 100
Zweig, Fritz 26
Zweig, Mathilde s. Garmo, Tilly de